21세기 청소년 인문학

21세기 청소년 인문학

청소년이 좀 더 알아야 할 교양 이야기

1

김고연주 | 김민식 | 김시천 | 김태권 | 김호연 | 박완선 | 손정은
윤태웅 | 이권우 | 이은희 | 이채관 | 정영목 | 한문정 | 허남웅

청소년이 좀 더 알아야 할 교양 이야기

　시작은 미약했습니다. 우연한 기회에 어른들이 청소년들에게 좋은 말을 전해 주는 책을 기획해 보면 어떻겠냐는 이야기가 오고갔습니다. 답답했더랬습니다. 나라 돌아가는 꼴이 어이없었던지라 뜻있는 사람들이 장탄식을 내지를 때였습니다. 만약 이런 식이라면 어른으로서 다음 세대에게 면목 없겠다며 푸념을 늘어놓았습니다. 그래서 일을 저지르기로 했습니다. 우리가 청소년들에게 꼭 전해 주고 싶은 말을 해 보자. 지금 이곳의 상황이 아무리 암담하더라도 그동안 각자의 자리에서 고민하고 대안을 찾고 실천해 왔던 이야기를 해 보자고 했습니다. 그래서 청소년들에게 더 나은 내일을 꿈꿀 수 있는 희망을 전하고 싶었습니다.

　뜻을 모으는 방법은 쉬웠습니다. 먼저 페이스북에 이런 뜻을 올려 같이 해 줄 분들을 찾았습니다. 개인적으로 카카오톡으로 부탁도 드렸습니다. 그러자 많은 분이 함께해 주겠노라 하셨습니다. 놀랐더랬습니다. 다들 바쁘고 해야 할 일이 많은데 흔쾌히 허락해 주어서였습니다. 그때 힘주어 말한 바는 오늘의 청소년들이 꼭 알았으면 하는 교양을 쉽고 재미있게 풀어 달라는 것이었습니다. 살아온 배경도 다르고, 하고 있는 일도 다르고, 전공도 다르니 분명히 풍요로운 글로 꾸며지리라 예상했습니다.

　세상이 빠른 속도로 변하고 있습니다. 로봇과 인공지능의 발전은 예상을 뛰어넘었습니다. 일자리를 빼앗는 정도가 아니라 지금까지 보아 온 것과는 너무나 다른 세계를 열어젖힐 게 확실합니다. 이미 오랫동안 사회적 동경의 대상이 되었던 사(士)자(字) 집단, 그러니까 변호사, 의사 등이 몰락하고 가(家)자(字) 집단 그러니까 작가, 예술가 같은 직업이 흥하리라는 예상도 나오고 있습니다. 한마디로 전통적인 공부와 교양으로는 새로운 세상을 준비할 수 없다는 뜻입니다. 다시 신발 끈을 매고 다른 각오로 공부하고 교양을 쌓아야 하는 시대가 온 겁니다.

'꼰대'라는 말이 유행합니다. 가르치려 들기만 하는 기성세대를 겨냥한 풍자적인 말입니다. 그런데 어른이라고 해서 다 그렇지는 않습니다. 간절한 마음으로 자신의 지식과 삶의 지혜를 다음 세대와 공유하고픈 분들도 있는 법입니다. 『21세기 청소년 인문학』을 보면 다른 무엇보다 이 마음을 우리 청소년들이 알아주리라 믿습니다. 나의 앎이 넓고 깊어지고, 내가 살아야 할 방향을 찾고, 우리 공동체가 나가야 할 길을 함께 고민하고 토론하는 데 좋은 길라잡이가 될 테니까요.

책은 널려 있는데 읽지는 않는다고 걱정입니다. 특히 청소년들은 입시에 대한 부담 탓에 더욱 책을 가까이하지 못합니다. 그래도 시간을 내서 책을 읽어 보길 간절한 마음으로 권합니다. 잘 알다시피 교양이라는 낱말에는 '경작'과 '형성'이라는 뜻이 담겨 있습니다. 지금 수준에 만족한다는 뜻보다 애를 써서 더 나은 그 무엇이 되려는 열망이 스며 있습니다. 모쪼록 『21세기 청소년 인문학』이 여러분들의 열망에 부응하기를 바랍니다.

2017. 4.

글쓴이들을 대신해 이권우

청소년이 좀 더 알아야 할 교양 이야기

| 차례 |

이권우

1963년 충남 서산에서 태어나 성남에서 청소년기를 보냈다. 책만 죽어라 읽어 보려고 경희대 국문과에 들어가 뛰어난 선배들 덕에 읽고 쓰는 법을 터득했다. 4학년 때도 대학도서관에서 책만 읽다 졸업하고 갈 데 없어 잠시 실업자 생활을 했다. 주로 책과 관련한 일을 하며 입에 풀칠하다 서평 전문잡지 『출판저널』 편집장을 끝으로 직장생활을 정리했다. 본디, 직함은 남이 붙여 주어야 하거늘, 스스로 도서평론가라 칭하며 책 읽고 글 쓰고 방송하는 재미로 살고 있다. 한때 안양대 강의교수, 한양대 특임교수를 지내기도 했다.

그동안 『책읽기부터 시작하는 글쓰기 수업』, 『책읽기의 달인, 호모 부커스』, 『어느 게으름뱅이의 책읽기』, 『각주와 이크의 책읽기』, 『책과 더불어 배우며 살아가다』, 『죽도록 책만 읽는』 등을 펴냈다. 흰 피를 내뿜으며 쓰러져 갔을 나무의 정령들에 미안해한다.

우리 시대의 공부론

공부, 왜 하는가?

청소년 시절, 공부하라는 말을 가장 자주 들었던 듯싶다. 직업이 학생이니 공부하는 게 맞다. 그렇지만 공부 말고도 하고 싶었던 일이 얼마나 많았던가. 당장 운동장에 달려 나가 축구나 농구를 하고 싶기도 했고, 벗이랑 영화관으로 뛰어가고도 싶었다. 어떤 때는 교과서나 참고서를 덮고 하루 종일 소설책이나 만화책을 보고 싶기도 했다. 하지만 현실은 냉정했다. 무엇을 하든 당장 집어치우고 공부하라는 불호령이 떨어지기 일쑤였다. 내가 청소년이었을 때는 지금과 비교하면 대학 입시가 주는 압박이 상대적으로 약한 편이었다. 그런데도 청소년 시절 귀에 못이 박히도록 들은 낱말이 공부였다.

그러니, 요즘 청소년이 어떤 상황에 놓여 있는지 짐작이 간다. 이른바 서울에 있는 대학에도 들어가기 어렵다니, 외고나 과고 같은 데를 가지 않으면 안 된다니, 초등학교 3학년이 되면 학원 다니느라 집에 11시가 돼야 온다느니 하는 말이 떠돌아다니니까 말이다. 정말, 청소년을 둘러싼 낱말은 오로지 공부밖에 없는 듯하다. 어른으로서 지켜보기에도 답답한 마당이니, 당사자들은 얼마나 질식할 듯할까 하는 마음에 안타깝기 그지없다.

그렇다면 한번 물어보자. 우리나라는 왜 청소년들에게 공부하라는 말만 되뇌게 되었을까, 라고 말이다. 정신과 전문의인 하지현 교수와 사회학자인 엄기호 박사의 대담을 모은『공부 중독』에는 그 이유가 명확히 나와 있다. 하 교수는 이 책에서 다음 세대에게 공부를 강요하는 풍토가 자리 잡은 것은 "오로지 공부만이 한국 사회에서 생존 확률을 확실하게 높여 주는 보증수표라는 믿음이 머릿속에 깊이 뿌리 박혀 있기 때문"이라고 진단한다. 1945년부터 1990년대 중반까지 우리 사회에는 분명한 성공 문법이 있었다. 청소년 시절 공부를 열심히 해 학벌 좋은 대학에 들어가면 취직이 잘되거나, 이런저런 고시로 안정적인 지위를 얻었다. 가난한 부모는 그래서 더욱 공부하라고 채근했다. 그 길만이 고통의 늪에서 벗어나는 유일한 길이라 믿었으며 실제로 그렇게 되었다. 그러다 보니 공부로 성공한 사람이 부모가 되었을 적에 자식에게 공부하라고 윽박지르는 것은 당연시되었다. 설혹 부유한 부모라 하더라도 공부로 성공해야 "존경과 안정과 윤택함"을 누리는 사회 분위기에 편승해 역시 공부를 강요하게 되었다. 그야말로 우리나라가 공부 중독에 빠진 이유다.

　이러니, 공부하라는 말을 입에 달고 사는 부모님 심정을 이해할 만하다. 다음 세대가 안정적이면서도 풍요롭게 살 수 있는 가장 확실한 방법을 일깨워 주는 것이니 말이다. 그런데 가만히 따져 보면 이런 분위기에 심각한 문제가 숨어 있다는 점을 깨닫게 된다. 짐작하듯 공부에는 다양한 갈래가 있다. 일례로 인생 공부니 세상 공부니 하는 말은 현장에서 다채로운 경험을 통해 스스로 배워 가는 그 무엇을 말한다. 그러나 부모가 말하는 공부는 결국에는 입시 공부를 뜻한다. 특정 대학에 들어가려면 스스로 해 보고 싶은 다양한 영역에 도전하고픈 열망을 버리고 오로지 교과서와 참고서 중심의 공부를 하라는 뜻이다. 이러니 답답할 수밖에. 거기에 중요한 문제가 하나 더 있다. 대학 입학에 매달린 공부는 진정한 공부의 의미를 훼손하고 만다는 사실이다.

　『공부 중독』에서 엄기호 박사가 힘주어 말하는 바가 그 점이다. "삶이 성장의 과정이라면 공부는 성장하는 삶을 위한 도구"이며 "당대의 문제를 파악하고 헤쳐 나가는 사람의 지혜, 기술을 익히는 과정"이 공부의 본디 목적이다. 하나, 입시 공부는 이런 공부의 가치를 사실상 부정한다. 하 교수는 공부를 잘한다는 말의 뜻을 세 가지로 정리한다. 핵심과 맥락을 잘 잡아내는 것, 짧은 시간에 효율적으로 많은 정보를 자기 것으로 만드는 것, 이치를 깨닫는 것이다. 당연히 가장 중요한 것은 세 번째 것이지만, 현실에서 공부라고 하면 두 번째 것을 가리킨다. 우리가 말하는 공부가 얼마나 협소한 의미에 국한되어 있는지 알 수 있다. 하 교수는 공부의 발전과정을 네 단계로 정리한다. 백테이터를 모으는 과정, 이를 바탕으로 정보체를 만드는 과정, 정보를 체계적으로 묶어 지식을 생성하는 과정, 그리고 끝으로 지혜를 얻는 과정이다. 그런데 현재 우리 사회에서 공부라 하면 "데이터와 인포메이션을 무한반복해서 우겨 넣기만" 하는 것이라 여긴다고 일침을 놓는다.

동양의 전통적인 공부 방법을 살펴보면 오늘과 사뭇 다르다는 점을 알 수 있다. 동양에서는 제자가 스승에게 물어보는 방식으로 수업을 진행했다. 누가 수업 시간에 질문했겠는가? 삶과 역사, 그리고 자연과 우주의 이치에 호기심 많은 학생이 스스로 공부하다 더는 풀리지 않을 때 스승에게 간절한 마음으로 물어보았을 터다. 스승은 진리에 대한 제자의 열망과, 스스로 공부하는 태도를 높이 평가하고 그의 지식 수준에 맞게 설명했다. 기실 공자의 제자를 볼라치면, 서둘러 세상에 나가 일꾼이 되어 돈과 명예를 좇으려는 이들도 여럿 있었다. 그럴 적마다 공자는 공부를 더 해야 한다고 도움말을 주었다. 스승의 말을 어긴 이들이 서둘러 세상에 나갔다가 겪었던 어려움을 기억해야 한다.

그런데 오늘 우리는 왜 이런 훌륭한 전통을 버리게 되었을까? 복잡한 이유가 있지만, 한마디로 하면 서둘러 근대화를 이루려 했던 조급증이 오늘의 공부 중독을 낳았다. 짧은 기간에 집중된 교육을 받은 노동자 집단의 출현 없이는 경제 발전을 꾀할 수 없

/ 이권우

었다. 그러다 보니 지혜의 단계까지 오르는 교육을 할 수 없었다. 당장 필요한 인력을 다양한 현장에 배출하는 데 급급했다. 분명한 것은, 그 덕에 우리나라가 놀라운 경제 성장을 했으니, 그때의 선택은 적절했다 할 수 있다. 뜻있는 이들이 두루 걱정하는 것은, 오늘에는 이런 교육이 적합하지 않다는 사실에 있다.

세계는 빠른 속도로 바뀌고 있다. 혁신이라는 기치 아래 세계 경제는 요동을 친다. 이런 상황에서 개인의 삶을 지키면서 변화를 이끌어 갈 사람은 창의적인 인물이다. 주어진 정보를 외워서 이를 현실에 적응하는 데 급급한 사람이 아니라, 배운 바를 응용해서 스스로 문제를 해결해 나가는 사람이다. 그렇다면 우리의 공부도 창의성을 극대화하는 데 목표를 두어야 마땅하다. 그 창의성은 오로지 학교라는 제도에서만 익힐 수 있는 바도 아니고, 기존의 진리를 체계화한 교과서가 키워 주는 바도 아니다. 어린 시절부터 다양한 경험을 하고, 동료들과 문제를 함께 해결하는 경험을 하고, 넓고 깊은 독서를 해야 하며, 배운 것을 도전적으로 응용하는 과정에서 익힐 수 있는 법이다.

가장 좋은 것은 기성세대가 깊이 반성하고 다음 세대에게 올바른 공부를 하도록 제도를 바꾸는 것이다. 그러나 우리 사회는 공부를 통해 얻은 기득권을 좀처럼 놓지 않으려는 힘이 더 세다. 장기적으로는 당연히 대학 서열화를 깨고, 입시 제도를 바꾸고, 교육 방법을 일대 혁신해야 한다. 그러나 그때까지 속수무책으로 기다리고만 있을 수는 없는 노릇이다. 스스로 공부의 참된 의미와 방법을 성찰해 보고, 이를 실천하려는 용기가 필요하다. 남이 가지 않은 길을 걸어야 한다는 것은 무척 두려운 일이다. 그러나 그 길이 비록 에움길이라 해도 목적지에 이르는 길이라면 걸어야 마땅하다.

대학을 포기하라거나 학벌을 무시하라는 말은 못 하겠다. 우리 사회에서 이것들이 차지하는 무게가 얼마나 큰지 잘 알고 있기 때문이다. 하지만 참된 공부란 무엇인지 되돌아보라는 말은 꼭 하고 싶다. 공부는 오로지 좋은 대학과 안정적인 직업을 얻으려고만 하는 것은 아니다. 더 중요한 것은 내가 살아가면서 흥미를 느낀 분야를 제대로 익히려고 도전하는 것이 공부이며, 더불어 사는 사람 사이에 필요한 윤리가 무엇인지 고민하는 것이 공부이며, 살아가며 겪은 고통과 아픔을 이해하고 더 나은 삶을 살려고 애쓰는 것이 공부이며, 생명과 우주의 근본 원리가 무엇인지 알려고 하는 것이 공부이다. 더욱이 청소년 시절, 반짝하고 마는 게 아니라 죽을 때까지 하는 게 공부이다.

어른들이 강요한 좁은 의미의 공부에서 벗어나 공부 본디의 뜻을 되살렸으면 좋겠다. 교과서를 버리라고 할 수는 없지만, 교과서 밖으로 월경(越境)을 해 봤으면 좋겠다. 지식을 아는 데 그치지 않고 지혜로운 사람이 되었으면 좋겠다. 공부에 어울리는 말은 중독이 아니라 해방이다. 더 큰 세계로 이끈다는 뜻이다.

/ 이권우

공부, 어떻게 해야 하나?

인공지능 때문에 난리다. 알파고가 이세돌 9단을 이기면서 화제가 되질 않나, 무인자동차가 곧 등장한다고 하질 않나, 급기야 일본에서는 인공지능이 소설을 써냈다는 기사까지 나왔다. 더욱이 인공지능이 빠른 속도로 발전하면서 기존의 숱한 일자리가 사라지게 될 거라는 전문가들의 공통된 의견이 여기저기서 터져 나온다. 이제 인간은 인공지능과 벌이는 경쟁에서 필패하고 마는 걸까?

잘 알고 있듯, 근력의 경쟁에서 인간은 기계에게 졌다. 삽질 한 번과 포크레인이 한 번 움직이는 것을 비교해 보면 쉽게 알 수 있다. 앞으로는 그동안 우위를 차지했던 정신 분야마저 인공지능이 앞설 것으로 보인다. 그 단적인 예는 사라질 직업 집단을 보면 알 수 있다. 일반직에서는 콘크리트공, 도축원, 플라스틱 제품 조립원, 청원 경찰, 조세행정 사무원, 택배원, 주유원, 육아 도우미 등이 인공지능으로 대체된다. 전문직에서는 손해 사정사, 일반 의사, 관제사 등의 직업이 사라질 전망이다. 다행히 인공지능 때문에 모든 직업이 사라지지는 않는다고 한다. 화가, 조각가, 사진작가, 작가, 지휘자, 무용가, 배우, 디자이너, 대학교수, 초등학교 교사 등은 인공지능으로 대체하기 어려울 것으로 내다본다.

미래의 주인공이 될 청소년 처지에서 보면 당연히 사라지지 않을 직업 집단에 관심을 기울여야 한다. 그 직업 자체보다는 그런 직업들이 보이는 공통점에 주목하고 이를 배우고 익히려 해야 마땅하다. 얼핏 보아도 알 수 있듯 감성에 기초해 자신을 표현하는 예술 관련 직업들이 대체 불가능하다. 그리고 또 있다. 정재승 교수의 지적대로 질문에 답하는 능력보다 질문을 던질 줄 알아야 한다는 점이다. 익히 보아 왔지만 답은 인공지능이 더 빨리 더 정확히 찾아낸다. 이걸로 경쟁해서는 도무지 이길 수 없다. 기존의 것을 의심하고 비판하고 새로운 관점을 제기하는 질문하는 능력이야말로 인공지능이 따라오기 힘든 영역이라는 말이다.

흥미로운 사실이 있다. 미래 사회가 인간에게 요구하는 바가 질문이라는 점과 대략 2,500년 전 참된 지식의 세계에 이르는 방법으로 한 철학자가 추구했던 바가 일치한다는 점이다. 무슨 말인고 하니, 질문을 통해 내가 알고 있는 바가 참된 것이 아님을 인정할 때 새로운 인식의 지평이 열린다고 했다. 분석하고 비판하고 대안을 제시하는 힘이 질문에 있다는 것을 이미 간파하고 이를 참된 앎에 이르는 방법으로 내세웠던 것이다.

소크라테스가 질문으로 앎의 자리에 이르는 과정은 『소크라테스의 변명』에 잘 나와 있다. 이 책은 소크라테스의 재판을 제자인 플라톤이 기록했는데, 플라톤의 주저인 『국가』를 읽기 전에 반드시 보아야 할 책이기도 하다. 소크라테스는 아뉘토소의 사주를 받은 멜레토스에게 고발당해 배심원들에게 자신에 대한 오래된 오해와 정치적 모함을 해명한다. 그러다 "나에 대한 비방이 어디서 생겨났는지" 밝힌다. 친구 카이레폰이 델피신전에 가서 물어보았다, 소크라테스보다 더 지혜로운 사람이 있느냐고. 그러자 신이 대답해 주었단다. 소크라테스보다 더 지혜로운 사람은 없다고. 이 말을 전해 듣고 그는 당황했단다. 자신이 지혜롭지 않다는 것을 잘 알고 있는데, 신이 자신이 가장 지혜롭다 했으니 말이다. 더욱이 신탁이 거짓일 리는 없잖은가.

소크라테스는 고민을 거듭하다 신탁을 확인해 보기로 했다. 지혜롭다고 알려진 사람을 만나 대화를 나누어 보기로 했다. "여기 이 사람이 나보다 지혜로운데, 당신은 내가 그렇다고 말했지요"라고 신에게 논박하기 위해서였다. 먼저 정치인을 만나 이것저것 물어보았다. 다음으로는 여러 시인을 만나 보았다. 시인들이 가장 공들여 지은 시를 들고 가서 꼼꼼히 따져 물어보았다. 끝으로 수공 기술자들을 찾아가 끈덕지게 물어보았다. 그런데 놀라운 일이 벌어졌다. 이들은 그 분야에서 제일 탁월하다고 자부하고 있었으나, 소크라테스의 질문을 받다 보면 결국에는 답을 못 하는 지경에 이르렀다. 예를 들면 시인들은 자신이 가장 공을 들여 쓴 시를 놓고 대화를 했건만, 정작 그 시를 창작하게 된 동기나 방법, 심지어 그 시가 궁극에 말하고자 한 바를 모르고 있었다. 아테네에서 지혜롭다고 소문난 사람을 만나고 나서 소크라테스는 다음 같은 결론을 내린다.

이 사람보다는 내가 더 지혜롭다. 왜냐하면 우리 둘 다 아름답고 훌륭한 것을 전혀 알지 못하는 것 같은데, 이 사람은 어떤 것을 알지

우리 시대의 공부론

못하면서도 안다고 생각하는 반면에 나는 내가 실제로 알지 못하니까 바로 그렇게 알지 못한다고 생각도 하기 때문이다. 어쨌든 나는 적어도 이 사람보다는 바로 이 점에서는 조금은 더 지혜로운 것 같다. 나는 내가 알지 못하는 것들을 알지 못한다고 생각도 한다는 점에서 말이다.

많이 안다고 생각하는 사람을 붙잡고 계속 질문했더니, 결국에는 아는 게 없다는 게 드러났다. 소크라테스가 가장 현명했던 이유는, 다른 사람들은 자신이 다 알고 있다고 뻐기고 있었지만, 자신은 모른다는 것을 알고 있어서였다. 이것이 바로 그 유명한 '무지의 지'라는 말이다. '모른다는 것을 아는 것'을 인정하는 일이 가장 현명한 이의 태도이다.

반성적이고 비판적인 질문이 없다면 내가 지금까지 믿거나 지지해 왔던 앎은 완벽하다고 여기기 마련이다. 그러나 이런 앎의 체계에 질문을 던지기 시작하면, 부족한 부분이나 감안하지 않은 부분, 적절하지 않은 부분이 드러나게 마련이다. 이 정도에서 질문을 멈추지 않고 앎의 기본에 대해 지속적으로 문제를 삼다 보면 궁극에는 그 주춧돌마저 뿌리 뽑기에 이르른다. 그렇다면 다음에는 무슨 일이 벌어질까? 알고 있던 바가 참된 세계가 아니었다면, 우리는 다시 앎의 모험을 떠나게 된다. 그 앞에 어떤 고난이 있을지라도 앎의 신대륙을 찾아 나서기 마련이라는 말이다.

인류 지성의 마르지 않는 샘물이라 할 고전도 기실 하나의 질

문과 이에 따른 긴 대화와 논쟁의 결과물이라 할 수 있다. 플라톤의 대표작인 『국가』도 소크라테스가 "올바름이란 무엇인가" 묻자 이에 "올바른 것이란 더 강한 자의 편익 이외에 다른 것이 아니"라고 트라시마코스가 답변하면서 벌어진 일대 논쟁의 결과물이다. 막스 베버의 『프로테스탄트 윤리와 자본주의 정신』은 왜 가톨릭 신자의 자제는 인문계로 진학하고 청교도 자제는 실업계로 가는지 질문하고, 이를 답변하는 과정에서 얻은 놀라운 통찰을 담았다. 무릇 인류의 지성에서 질문은 당연하고 우월하고 지배하는 그 어떤 것들을 무너뜨리고 새로운 세계를 여는 근본적인 동력이었다.

『사피엔스』의 유발 하라리는 호모 사피엔스가 지구의 정복자가 된 이유를 세 가지로 꼽았다. 인지혁명, 농업혁명, 과학혁명이 그것이다. 이 가운데 인지혁명을 "약 7만 년 전부터 3만 년 전 사이에 출현한 새로운 사고방식과 의사소통 방식"이라 설명한다. 그러면서 "허구를 말할 수 있는 능력이야말로 사피엔스가 사용하는 언어의 가장 독특한 측면"으로 "허구 덕분에 우리는 단순한 상상을 넘어서 집단적으로 상상할 수 있게 되었다"고 힘주어 말했다. 이 점이 왜 중요하냐면 공통의 상상을, 그러니까 신이나 신화 등을 공유한 집단끼리 협력하게 되면서 다른 종족보다 더 우월한 힘을 발휘할 수 있었기 때문이다. 『소크라테스의 변명』을 읽다 보면 2,500년 전에 제2차 인지혁명이 일어났다는 사실을 알 수 있다. 그것은 바로 질문할 수 있는 능력이었다.

/ 이권우

질문하는 능력은 어떻게 키울까? 답은 명확하다. 책 읽기밖에 없다. 책은 정보의 나열이 아니라 질문을 던지고 이를 해결해 가는 과정을 담고 있기 때문이다. 인공지능 시대 인간은 어떻게 살아가야 하는가를 고민하는 뇌 과학자 김대식 교수의 말을 들어 보자.

책의 역할에 대해 잘못 생각하는 분들이 많다. 책은 정보 전달을 위해서만 있는 게 아니다. 정보를 찾으려면 인터넷을 보는 게 가장 빠르다. 책의 큰 장점 중 하나는 나만의 질문을 찾을 수 있는 길을 뚫어 준다는 점이다. 정말 내가 제대로 살고 싶으면 남들이 던지지 않은 질문을 던져야 한다. 망하더라도 남들이 가지 않은 길을 가야 하는데, 이때 책이 길잡이 역할을 할 수 있다. 인터넷은 어떠한 정보의 정답일 뿐이지 가이드가 아니다. 우리가 평생 부모, 친구의 손을 잡을 수는 없지 않나. 지적인 길은 혼자서 가야 한다.

우리 시대의 공부론

김호연

한양대 교수. 화학, 서양사, 과학사를 공부했고, 미래인문학융합학부에서 인문학과 자연과학을 가로지르는 강의와 연구를 하고 있다. 삶이 앎이 되고, 앎이 삶이 되는 공부를 하면서 '관계와 소통'을 화두로 '행복한 삶'과 '아픔 치유'를 돕는 '인문 학교'와 '독서 모임'을 운영 중이다.『우생학, 유전자 정치의 역사』(문광부 우수학술도서),『희망이 된 인문학』(문광부 우수교양도서),『인문학 아이들의 꿈집을 만들다』(공저, 문광부 우수교양도서),『현대생물학의 사회적 의미』(공역) 등의 저역서와「20세기 초 미국의 과학과 법」,「역사 리텔링과 상흔(trauma)의 치유」,「인문학 교육의 역할과 효용성에 관한 연구」등의 논문이 있다.

02

행복의 조건? 그리고 인문학

행복은 사전적인 의미로 복된 좋은 운수나 생활에서 충분한 만족과 기쁨을 느끼어 흐뭇하거나 그러한 상태를 의미합니다. 과연 우리는 어떤 상황에서 이런 상태를 경험하게 될까요? 누군가에게 소모품처럼 이용만 당하거나 쓸모가 없어져 버려진다거나, 승자만이 오롯이 욕망을 거머쥘 수 있는 현실이라면, 누구라도 행복감을 느끼는 상태를 경험하기는 매우 어려울 것입니다. 우리 사회는 어떨까요? 모든 사람들이 불행하다고는 할 수 없겠지만, 경기 침체를 빌미로 수십 년간 일하던 회사에서 하루아침에 거리로 내몰리시는 분들도 많고, 언제 그만두어야 할지 모르는 불안정한 상태에서 일을 하는 비정규직 노동자의 증가, 조물주 위의 건물주라는 웃픈 표현, 모든 것들을 포기하고 산다는 N포세대의 등장과 흙수저들의 처절한 비명 등등 우리 사회의 일면은 행복이라는 단어의 사전적 정의를 무색하게 보여 줍니다. 입시에 몰려 개성이나 꿈은 멀리해야만 하는 청소년들이나 아무리 노력해도 성공할 수 없는 나라라는 볼멘소리들, 자살과 묻지마 범죄, 그리고 고독사의 증가도 우리 사회의 아픈 민낯입니다.

『정의란 무엇인가』와 『피로사회』가 말해 준 것들

몇 년 전 마이클 센델(M. Sandel)의 『정의란 무엇인가』(2010)와 한병철의 『피로사회』(2012)는 그야말로 선풍적인 인기를 끌었습니다. 일반 교양서로 읽어 내기에는 그리 녹록지 않은 내용을 담고 있는 책들이었음에도 불구하고, 우리가 처한 현실과 조응하면서 세간의 주목을 한껏 받았습니다. 『정의란 무엇인가』는 성과주의, 기회 실현 격차, 불균등한 분배 그리고 양극화 심화 등 우리 사회가 가진 현실에 대한 불만과 어우러져 조금은 더 공정하고, 평등해져서, '더 나은 삶'을 살아갈 수 있는 사회를 꿈꾸는 계기가 되기도 했습니다. 『피로사회』는 강요된(?) 성과주의에 함몰된 채 팍팍한 삶을 벗어나기 위해 자기 계발이라는 논리에 기대어 스스로를 착취함으로써 자발적으로(?) 소진(burnout)되어 가는 많은 이들에게 자신을 돌아볼 수 있는 성찰의 기회를 주었습니다. 이 두 권의 책은 '더 나은 삶' 또는 '다른 삶,' 나아가서는 '좋은 삶'이란 무엇인지를 부단하게 고민하도록 이끄는 기폭제가 되었습니다. 이는 우리를 소진시키는 극단적인 피로감과 아무리 노력해도 탈

/ 김호연

출구가 보이지 않는 일상적 무력감이 우리 사회의 문제들과 깊은 관련을 맺고 있다는 점을 깨닫는 기회를 주었습니다. 그간 우리 사회에서 오랫동안 지속된 성장 위주의 경제 정책이나 성과주의는 무한경쟁과 승자독식이 지극히 당연한 것이고, 성공과 실패는 개인의 역량 문제라는 인식을 일상화시켰으며, 이는 계층 간 격차의 심화나 사회적으로 정의롭지 못한 현실의 주된 진원지라는 사실을 다시금 돌아보게 된 것이었습니다.

오늘과는 다른 삶을 살고 싶은 많은 이들의 바람에 부응하듯 당시 사회적 부정의를 일소하거나 개선하겠다는 수많은 선언(?)들이 나왔고, 위로와 힐링(healing)이 자기 착취로 고통 받는 사람들을 구원해 줄 수 있다며 다양한 해법이 등장하기도 했습니다. 하지만, 몇 년이 지난 '지금, 여기' 사회적 부정의는 과연 얼마나 해소되었는지, 자기 착취와 고통의 강도는 과연 얼마나 줄어들었는지, 의문입니다.

'지금, 여기'에 필요한 것은 '희망'

무한경쟁과 지독한 승자독식 구조에서 패자부활전마저 불가능해 영원히 패배자로 살아갈 수도 있다는 불안감, 일하고 싶어도 일자리가 없어 구직을 단념해야 하는 무력감, 사람도 쓰고 나면 버려지는 비정한 현실, 양극화와 빈약한 사회안전망으로 인한 여러 형태의 고통들. 이는 우리 사회의 부정의와 사람들이 느

행복의 조건? 그리고 인문학

끼는 피로감이 실타래처럼 얽혀 있다는 것을 말해 줍니다. 심각한 것은 이런 가혹한 현실이 유전형질처럼 후세에게 대물림될 수 있다는 점에 있습니다. 이를 테면, 계층 간 격차의 심화는 필연적으로 차등적인 교육 기회로 이어지고, 이는 자식세대도 부모세대와 똑같은, 어쩌면 더 심각한 고통에 처할 위험성이 있습니다. 어려운 경제적 처지 때문에 일가족이 목숨을 끊었다거나 쓸쓸히 죽음을 선택할 수밖에 없었던 이들의 이야기가 심심치 않게 들려오고, 고독사가 늘어만 가는 현실은 단순히 온정주의적 관심이나 동정심만으로는 해소할 수 없는 슬프고도 아픈 우리 사회의 속살입니다.

상투적인 말로 들릴 수도 있겠지만, 실존의 위기에 처한 사람들에게 필요한 것은 미래에 대한 희망입니다. 지그문트 바우만(Z. Bauman)은 『희망, 살아있는 자의 의무』에서 살아간다는 것은 어쩌면 실패나 패배의 위험을 감수하는 것과 동일한 것인지도 모른다고 말합니다. 중요한 것은 실패의 가능성에 노출된 삶 속에서 스스로 삶의 의미를 찾아내는 것이고, 그래서 희망이 중요하다고 그는 선언합니다. 희망을 잃지 않는 한, 우리는 무엇이든 이루어낼 수 있는 힘을 얻기 때문입니다. 반대로 희망을 멈춘다면, 아무것도 할 수 없는 무력감에 빠지고 말 것이라고 우리를 독려하고 있습니다.

/ 김호연

함께 살자는 문화가 필요하다

서구 중심의 산업화와 근대화가 현대 사회의 위험을 야기한 주범이라는 주장을 함으로써 세계적으로 큰 반향을 가져왔던 독일의 사회학자 울리히 벡(Ulrich Beck)은 몇 년 전 인터뷰에서 "한국은 특별한 위험 사회"라고 지적한 바 있습니다. 위험이 커진 사회는 사람들을 힘들게 합니다. 자칫 대한민국이 점점 더 병든 사회(ailing society), 아픈 사회로 치닫고 있는 것은 아닌지 걱정됩니다. 만일 우리 사회가 이미 병들고 아픈 사회라면, 질병에 걸린 환자가 치료를 받아야 하는 것처럼 처방전이 필요합니다.

병든 사회의 치유는 공존의 사회로 가는 것이 한 해법(solution)일 수 있습니다. 이를 위해서는 국가나 정부가 적극적으로 나서서 제도적 차원의 개선을 해야 합니다. 물론 제도적 차원의 접근만으로는 한계가 있을 수 있습니다. 따라서 선택과 배제의 원리가 작동되고, 모든 것이 개인의 책임으로 귀결되는, 그럼에도 그런 상황을 지극히 당연한 것으로 여기고 있는 문화/의식 흐름으로부터 우리 스스로 탈출하려는 노력을 병행해야만 합니다. 예를 들어, 사회적 양극화는 구조적으로 오래된 우리 사회의 문제인데, 이는 정책적 차원의 접근을 필요로 하는 사안입니다. 하지만, '가진 자와 그렇지 못한 자', '흙수저와 금수저' 같은 구도 속에서 나도 모르는 사이 적용되고 있는 편견과 차별의 문화로부터 벗어나려는 성숙한 의식도 매우 중요합니다. 왜냐하면, 사회의 다양

행복의 조건? 그리고 인문학

한 영역에서 어려움을 겪고 있는 사람들을 돕는다고 할 때, 이런 사람들을 위해 필요한 것이 무엇인지, 어떤 정책을 펼칠 것인지, 내용은 어떠한지, 그리고 방향은 어디로 향할 것인지 등등 구체적인 것들은 문제를 바라보는 인식의 수준이나 대상에 대한 시선으로부터 시작하기 때문입니다. '함께 살자'는 의식을 공유하는 문화가 정착되는 것이 무엇보다 중요한 이유입니다. 사람 곁의 모든 것들이 합류(confluence)나 연대(solidarite)할 수 있는 공생과 공존의 삶 문화가 필요한 것입니다.

화이부동, 공자의 가르침

사람의 삶과 죽음은 생물학적으로 판정되는 까닭에 인간은 일차적으로 생물학적 존재라고 할 수 있습니다. 하지만, 존재론적으로 보면 사람은 사회적 생명체이기도 합니다. 인간(人間)이라는 한자는 독립적인 성인(人)이 누군가와 관계를 맺고 있는 존재(間)임을 표현하고 있습니다. 인간의 고통이나 아픔, 치유, 행복에 관심을 갖는 많은 전문가들은 다양한 치유 방법론이나 행복론을 제각각 이야기하는데, 공통적으로 이야기하는 행복의 전제 조건이 하나 있습니다. 인간은 혼자서는 살 수 없다는 사실입니다. 인간이 흐뭇한 상태, 즉 행복감을 느끼는 상황은 무엇보다 사람과의 원활한 관계로부터 출발한다는 것입니다.

좋은 관계 맺기와 원활한 소통은 함께 사는 문화 형성의 출발

/ 김호연

점일 수 있습니다. 달리 말하면, 역지사지(易地思之)의 자세와 공존의 자세를 갖는 것이 중요한 것입니다. 사람들은 자신의 고통에만 관심을 갖고, 타인의 아픔에는 아랑곳하지 않는 경우가 많습니다. 타인의 아픔이나 고통을 이해하려면 무엇보다 공감의 태도가 필요한데, 공감은 상대방의 시선으로 세상을 바라보는 것이고, 그럼으로써 상대방의 삶의 경험 일부를 공유하도록 돕습니다. 따라서 역지사지하는 태도나 공감의 자세를 갖는 것은 나의 이익과 타인의 처지를 동시에 볼 수 있는 균형감각을 기르는 데 매우 효과적일 수 있습니다. 이때 도움을 주는 것이 화이부동(和而不同)이라는 공자의 가르침입니다.

子曰: "君子和而不同, 小人同而不和."
공자가 말했다. "군자는 화합(조화)하면서도 똑같지 않다. 그러나 소인은 똑같기만 할 뿐 조화를 이루지 못한다."

— 『논어(論語)』 「자로(子路)」

화이부동, 조화는 이루되 같아질 필요는 없다는 말입니다. 조화를 이루기 위해서는 무엇보다 타자에 대한 인정과 서로 간의 차이를 존중하는 자세가 필요합니다. 부모와 자식, 교사와 학생, 선배와 후배, 남성과 여성, 한국인과 이주민 등등 화이부동 해야만 할 관계가 너무도 많습니다. 화이부동, 연대의 다른 표현인 것입니다.

여기서 한 가지 짚고 갈 것이 있습니다. 타인과의 화이부동, 연대하는 것, 관계와 소통이야말로 함께 잘 사는 중요한 가치입니다. 그런데, 이 말은 자신을 무조건 관계 속에 구속시키라는 의미는 아닙니다. 오히려 좋은 관계나 화이부동에만 너무 집착해 자신을 잃어버리면 더 외롭고 힘들 수 있기 때문입니다. 좋은 관계맺기가 사회적 존재로서 살아가는 데 중요하지만, 그렇다고 자기 자신의 중심을 잃게 되면, 무의미한 것일 수 있습니다. 그래서 자기중심을 지키는 노력과 타인을 위한 배려 사이에서 적절한 균형을 이루는 노력이 중요합니다. 연대나 화이부동도 자기중심을 갖고 있는 사람들에 의해 이루어질 때 더더욱 강력한 힘을 발휘합니다. 그렇지 않으면, 힘이 센 쪽으로 수렴되거나 흡수되기 십상입니다.

자기 자신의 중심을 잃지 않는 한 가지 방법은 자신의 꿈대로 살아가려고 노력하는 것입니다. 만일 행복이 꿈을 이루는 것이라 한다면, 이때 중요한 것은 누구의 꿈을 꾸며 살아갈 것인가라는 것입니다. 우리나라 사람들은 유달리 관계, 특히 인적 관계망에 집착하거나 구속당하는 경우가 많고, 역할로부터 주어지는 구조적 관계 때문에 힘들어하는 경우도 많습니다. 즉 아버지로서의 꿈, 어머니로서의 꿈, 아들이나 딸로서의 꿈에만 매달리는 경우가 많은 것입니다. 하지만 자기 자신의 중심을 잃지 않으려면, 관계나 역할의 중요성을 인식하면서도, 진정으로 자기 자신의 꿈이 무엇인지를 깊이 고민해 봐야만 합니다.

아서 밀러(Arthur Miller)의 『세일즈맨의 죽음』(Death of a Salesman)은 어떤 측면에서 보면, 자신의 꿈보다는 가장으로서의 꿈에 천착했던 주인공의 비극적인 삶을 엿볼 수 있는 작품이기도 합니다. 산업화되고 물질주의가 만연한 현대문명 속에서 마치 소모품처럼 버려지는 소시민의 삶을 그려 내는 것이 이 희곡의 주된 목적이었겠지만, 주인공 윌리 로우맨은 아버지로서의 삶에만 집중하고 자신의 꿈은 잃어버린, 그래서 상실감에 빠져 고통받는 존재로도 묘사되고 있습니다. 주인공의 죽음도 자살로 마감되는데, 이조차 가족들을 위한 보험금 청구를 위해 단행한 비극이었습니다.

로버트 드 니로(Robert De Niro)와 드류 베리모어(Drew Blyth Barry-more)가 주연했던 《에브리바디스 파인》(Everybody's Fine)이라는 영화가 있습니다. 로버트 드 니로는 아빠 역할을 합니다. 아빠로서 그는 자녀들의 일탈을 제어하는 것이 자식들에 대한 부모로서의 의무이자 권리라고 생각합니다. 그러나 자식들은 그것을 강요나 강박으로 받아들입니다. 결국 자식들은 아빠와의 소통은 단절한 채, 엄마하고만 좋은 관계를 유지합니다. 그런데 엄마가 죽습니다. 문제는 여기서부터 시작됩니다. 아빠는 엄마 역할을 대신하기 위해 자식들에게 다가서지만, 여전히 소통은 원활하지 않고, 관계는 복원되지 않습니다. 자녀들이 여전히 마음의 문을 열지 않았던 것입니다. 이 과정에서 딸로 분한 베리모어가 아빠에게

행복의 조건? 그리고 인문학

묻습니다.

"아빠는 나만 할 때 꿈이 뭐였어? (…) 아빠도 나만 할 때 꾸었던 꿈이 있었을 것 아니야. 그런데 왜, 왜, 아들·딸에게만 모든 걸 쏟아 부으려 해?"

부모로서의 삶이 아니라 자기 자신의 삶을 살면 어떻겠냐는 딸의 애정이 담겨 있는 대사입니다. 결국 자기 인생을 자기 스스로 결정하며 살아가는 것이 가장 중요하다는 말일 것입니다. 정호승의 「무인등대」라는 시에서도 이런 느낌을 받을 수 있습니다.

등대는 바다가 아니다
등대는 바다를 밝힐 뿐
바다가 되어야 하는 이는
당신이다

오늘도 당신은 멀리 배를 타고 나아가
그만 바다에 길을 빠뜨린다
길은 빠뜨린 지점을
뱃전에다 새기고 돌아와
결국 길을 찾지 못하고
어두운 방파제 끝

/ 김호연

무인등대의 가슴에 기대어 운다

울지 마라
등대는 길이 아니다
등대는 길 잃은 길을 밝힐 뿐
길이 되어야 하는 이는 오직
당신이다

— 정호승, 「무인등대」, 『여행』, 창비시선 362

부모, 스승, 선배, 고전, 세상 등은 등대일 수는 있습니다. 그러나 길은 자기 자신이 내어야 합니다. 자신이 길 자체가 되어야 하는 것입니다. 자기 꿈을 꾸고, 자기 삶을 살아갈 때, 우리는 독립적 주체로 살아갈 수 있고, 비로소 자유로울 수 있습니다.

좋은 관계와 자기 성찰을 돕는 앎, 인문학

앎은 삶을 변화시키는 데 도움을 줍니다. 그래서 무언가를 '안다'는 것은 중요합니다. 하지만 그 앎이 단순한 지적 유희나 뽐내기 위한 교양 쌓기에 그쳐서는 안 됩니다. 삶을 진정 변화시키고 싶다면, 앎을 도구나 수단으로만 소비하고 어느 순간 잊어버리는 부박한 공부와는 거리를 두어야 합니다. 전문가들의 고담준론(高談峻論)을 금과옥조(金科玉條)로 삼기보다는 그것을 자기 성찰의 기회로 삼는 자세도 중요합니다. 앎은 자신의 삶과 하나로 통합될 때 그 빛을 발할 수 있기 때문입니다. 그래서 삶 속에서 배우는 앎이 중요한 법입니다. 삶이 곧 앎이고, 앎이 곧 삶인 공부가 필요한 것입니다. 나는 누구인지, 내가 사는 이유는 무엇인지, 그리고 내가 속한 사회는 어떤 곳인지를 삶 속에서 알아 가는 노력을 해 보는 것이 무척 중요합니다. '희망'은 여기서부터 싹트기 때문입니다. 이때 도움을 주는 앎이 인문학입니다.

월터 카우프만(Walther A. Kaufmann)은 『인문학의 미래』에서 인문학을 실존의 이유와 삶의 궁극적인 목적을 알게 함으로써 개개인의 정신이 자유로움을 깨닫게 하며 자율적으로 운명을 선택할 수 있게 돕는 학문이라고 말합니다. 이는 인문학이 자유로운 비판 정신에 입각해 새로운 비전(vision)을 만들어 가도록 돕는 학문이기 때문입니다. 인간은 어디서 왔고, 누구이며, 어디로 가는가라는 본질적인 질문을 꺼내도록 돕는 공부가 인문학 공부인 것입니다. 삶이란, 때때로 구부러지면서 다른 길로 나아갑니다. 개인이든 사회든 그 궤적을 돌리고 싶다면, 인문학에 그 해답을 묻는 것이 필요한 이유입니다.

인문학은 본디 로마 시대 키케로(Marcus T. Cicero)가 말한 '인간에 대한 연구(Studia Humanitas)'에서 유래했습니다. 그래서 인문학은 자유로운 인간 성장을 돕는 학문이자, 인간의 삶을 연구 대상으로 삼는 학문으로 인식합니다. 그런데 많은 사람들은 인문학이라고 하면 즉각적으로 문학, 역사, 그리고 철학만을 떠올리는 경향이 있습니다. 하지만 인문학은 이렇게만 한정할 수 없습니다. 왜냐하면 인문학은 인간을 둘러싼 모든 것들에 대한 학문이자 그 모든 것들을 아우를 수 있는 학문이어야 하기 때문입니다.

로마 시대의 리버럴 아츠(liberal arts, 자유교양)는 문법, 논리학, 수사학, 변증론 이외에 산수와 기하, 천문, 음악 등을 통합적으로 배울 때 인간이 자유로워질 수 있다는 것을 피력하고 있습니다. 컬럼비아대학 철학과 교수이자 에드워드 사이드(E. Side)의 『저항의 인문학』 서문을 쓴 아킬 빌그라미(Akeel Bilgrami)는 인문주의를 자연과학 또는 초월적인 것과 구분하지 않고, 인간적인 모든 것을 고려하려는 열망으로 표현합니다. 인간만이 지닌 특성을 탐구하고 이해하는 열망에 그친 채, 멀리 떨어진 곳의 타자들의 고통에는 무관심하다면, 이는 결국 재앙이 될 것이라는 사이드의 주장과도 맞닿아 있습니다.

하버마스(Jurgen Habermas)는 『인간이라는 자연의 미래』에서 인간이 자연의 일부임을 망각하고 있고, 이것이 결국 자연을 대상화하여 자연을 수탈하고 착취함으로써 급기야는 자신을 파멸시키고 말 것이라고 경고한 바 있습니다. 인문학의 초점은 기본적으로 '사람'이지만, 이때 '사람'은 그저 개인만을 의미하는 것이 아니라 그 개인을 둘러싼 모든 것들과의 관계에 대해서도 관심을 기울인다는 뜻으로 이해할 수 있습니다. 이는 타자에 대한 이해가 자아에 대한 올곧은 이해의 원천이기 때문입니다. 인문학은 결국 세상 모든 것들의 관계망과 그 관계망 속 모든 것들의 실존을 포착해 내는 생태의 학문인 것입니다.

인문학, 사회적 고통 치유의 한 해법

사회적 고통이 동시다발적으로 출현하고 있는 아픈 세상입니다. N포세대, 히키코모리, 고독사, 자살, 우울증, 외상 후 스트레스 장애, 약물 남용, 거리 폭력, 묻지마 범죄, 가정 폭력, AIDS, 폐결핵 등 인간의 육체/정신/사회 등 다양한 측면에서 동시에 많은 고통들이 발생하고 있습니다. 이 과정에서 우리의 공동체가 붕괴되어 가고 있습니다. 접속과 차단이 자유로운 네트워크와 달리 공동체는 우리 이전에 선행하여 존재하는 삶의 장이라고 할 수 있습니다. 인간 삶의 장인 공동체의 붕괴는 다양한 원인이 있겠지만, 무엇보다 관계의 깨짐과 소통의 부재가 한 원인이라는 연구 결과도 있습니다. 이는 고통이나 아픔이 개인의 사회적 경험과 관련한 문제이자 사회적 이야기일 수밖에 없는 이유를 말해 줍니다. 더구나 사회적 고통은 여성, 어린아이, 노약자, 성소수자, 비정규직, 이민자 등 소수자나 사회적 약자에게서 집중적으로 발생하고 있습니다.

프랑스의 사회학자 알박스(Maurice Halbwachs)는 기억은 개인의 기억이자 집단의 기억이라고 말합니다. 이 기억은 문화적 기억으로 전승될 것입니다. 즉 누군가가 자신의 아픔을 말한다면, 그 이야기는 개인의 기억에 의존하고, 그것은 개인 기억 속의 고통을

/ 김호연

말하지만, 이는 단순히 개인의 문제가 아니라 집단의 기억이고, 고통이며, 모든 세대의 아픔인 것입니다. 모두가 잘 사는 세상에서 좋은 삶을 살고자 한다면, 무엇보다 개인의 아픈 기억을 공유하는 것이 필요합니다. 그것이 함께 살자는 의식을 문화적 차원에서 높여 줄 것이기 때문입니다. 함께 잘 살기 위해서라도, 형식에 얽매이지 말고, 열려 있는 협동을 해 보는 것이 중요합니다.

"인간에 관한 일이라면 무엇이든 남의 일로 여기지 않는다." (Nothing human is alien to me, Publius Terentius Afer.) 인문학 공부가 우리에게 주는 성찰과 희망입니다.

참고자료, 더 읽어 볼 거리

『논어』, 공자
『희망이 된 인문학』, 김호연, 살림, 2013.
『인문학, 아이들의 꿈집을 만들다』, 김호연·유강하, 단비, 2010.
『정의란 무엇인가』, 마이클 센델, 이창신 옮김, 김영사, 2010.
『세일즈맨의 죽음』, 아서 밀러, 강유나 옮김, 민음사, 2009.
『저항의 인문학』, 에드워드 사이드, 김정하 옮김, 마티, 2008.
『인문학의 미래』, 월터 카우프만, 이은정 옮김, 동녘, 2011.
『인간이라는 자연의 미래』, 위르겐 하버마스, 장은주 옮김, 나남출판, 2003.
『여행』, 정호승, 창비, 2013.
『희망, 살아있는 자의 의무』, 지그문트 바우만, 인디고연구소 기획, 궁리, 2014.
『피로사회』, 한병철, 김태환 옮김, 문학과 지성사, 2012.
《에브리바디스 파인》, 커크 존스 감독, 2009.

김민식

1987년에 한양대 자원공학과에 입학했으나 엔지니어가 되기엔 학점이 부족했고, 1992년에 한국 3M에 영업직으로 입사했으나 세일즈를 하기엔 끈기가 부족했고, 1995년에 한국외대 통역대학원에 입학했으나 통역사로 먹고살기엔 시트콤을 너무 좋아했다. 결국 1996년 MBC 공채로 들어가 버라이어티,《일요일 일요일 밤에》로 혹독한 연출 수업을 받고 시트콤《뉴논스톱》으로 예능과 드라마의 경계를 넘어섰다가 시대를 앞서간《조선에서 왔소이다》로 비운의 조기 종영을 당했다. 2010년《내조의 여왕》으로 드라마 PD로 변신《글로리아》,《여왕의 꽃》등을 연출했으나 엄혹한 시절 MBC 노조 부위원장으로 파업에 나선 통에 현재 복귀가 불투명하다. 2010년《내조의 여왕》으로 백상예술대상 연출상을 공동수상했고, 2002년《뉴논스톱》으로 백상예술대상 신인연출상을 수상했다.

저서로는 『영어책 한 권 외워봤니?』가 있다. 함께 쓴 책으로 『마니아 씨, 즐겁습니까』, 『과학, 10월의 하늘을 날다』, 『PD가 말하는 PD』, 『PD, WHO & HOW』, 『나의 영어 공부 이력서』, 『아까운 책 2013』 등이 있다.

03

인공지능의 시대, 노는 인간이 되자

저는 MBC PD로 일하고 있습니다. PD란 우리나라에서 가장 잘생긴 남자, 예쁜 여자, 춤 잘 추는 사람, 노래 잘하는 사람, 그리고 잘 웃기는 사람들과 일하는 직업입니다. 친구들은 로맨틱 코미디를 만드는 저를 보고, '너는 노는 게 직업이니 참 좋겠다!' 그럽니다. 맞아요, 저는 노는 게 직업입니다. 2016년 봄, 알파고가 바둑 대결에서 이세돌 9단을 이기는 걸 보고 이런 생각을 했어요. '인공지능의 발달이 정말 빠르구나, 로봇에 의해 대체되는 일자리가 늘어나면 그 결과 노는 사람도 많아지겠구나.' 인공지능의 시대는 달리 말하면 '노는 인간의 시대', 즉 노는 게 직업이 되는 시대입니다.

저는 열심히 놀다가 PD가 되었습니다. 어려서 PD가 되고 싶다는 생각을 한 적은 없었어요. 그냥 열심히 일하며 살 생각이었지요. 취업 잘되는 엔지니어가 되려고 공대에 갔습니다. 한양대 자원공학과를 나왔는데 정작 엔지니어가 적성에 맞지는 않아 영업사원으로 취업했습니다. 치과마다 다니며 외판사원으로 일했는데, 그것도 재미는 없더군요. 직장을 그만두고 백수가 되었습니다. 평생 놀고먹기는 힘들 것 같아 다시 대학원에 진학했습니다. 영어 동시통역사가 되려고 외대 통역대학원에 들어갔지요.

통역대학원을 다니던 저는 제레미 리프킨의 『노동의 종말』이라는 책을 읽었습니다. '산업혁명의 결과, 인간의 육체노동은 기계에 의해 대체되고, 정보혁명의 결과 정신노동은 컴퓨터가 대신하는 시대가 온다. 21세기는 역사상 최초로 인류가 노동으로부터 해방되는 유토피아가 될 것인가? 아니면 대다수 사람들이 노동으로부터 소외되어 대량실업에 시달리는 디스토피아가 될 것인가?'

1995년에 나온 책이지만, 20년 후 지금의 현실을 정확히 짚어냅니다. 당시 저는 책을 읽다가 가까운 미래에 자동통역기가 나오면 통역사라는 직업이 사라진다는 얘기에 기겁했습니다. 언젠가 사라질 직업인데 열심히 공부한들 무얼 하나, 차라리 놀기라도 잘해야겠다는 생각에 그냥 놀았어요. 통역대학원 시청각실에서 남들 CNN 보면서 영어 청취 공부할 때, 저는 미국 시트콤《프렌즈》를 보며 놀았습니다. '이렇게 재미난 청춘 시트콤이 왜 한국에는 없을까?' 내 손으로 직접 만들고 싶다는 생각에 MBC 예능국 피디 공채에 지원했고, 입사 후《뉴논스톱》이라는 시트콤을 만들었습니다. 좋아하던 놀이가 직업이 된 거지요.

옛날에는 열심히 공부하고 성실하게 일하는 사람의 시대였어요. 부모님이나 학교 선생님 말씀 잘 듣고 열심히 공부한 이들이 취업해서 상사의 명령을 충실히 실행하고, 매뉴얼에 따라 근면하게 일하면 되는 시대. 앞으로는 달라질 겁니다. 인공지능 로봇이 가장 잘하는 게 바로 매뉴얼에 따라 명령대로 충실하게 일하는 것이거든요. 로봇의 어원은 체코어로 '노동하다'라는 단어 robota에서 나왔어요. 다가올 시대, 열심히 일하는 걸로는 로봇을 따라잡기 힘들어요. 로봇은 쉬지도 않고, 밤에 잠도 안 자고 계속 일하니까요. 로봇과 경쟁할 수 있는 분야는 무엇일까요? 알파고와 이세돌의 승부를 보고, 명지대 바둑학과 학생이 이런 말을 했다지요?

"알파고가 아무리 바둑을 잘 둬도 바둑을 두는 재미는 모르지 않나요?"

구한말 서양문물이 처음 들어왔을 때, 서양 사람들이 테니스 시합을 하며 땀을 뻘뻘 흘리는 걸 보고 고종이 그랬답니다.

"그렇게 힘든 일은 아랫것들에게 시키지, 왜 그리 고생을 하시오."

다른 사람에게 양보할 수 없는 재미도 있는 법입니다. 앞으로 인간과 로봇의 일을 구분하는 척도는 재미입니다. 인간이 재미를 못 느끼는 일, 이를테면 단순 반복 작업은 로봇에게 맡겨질 공산이 커요. 재미없는 일은 로봇에게 맡기고 우리 인간은 이제 재미

인공지능의 시대, 노는 인간이 되자

난 일을 찾아야 합니다. 로봇이 대체하더라도 내가 좋으면 계속
할 수 있거든요. 재미난 일을 찾는 게 앞으로 진로 탐색의 관건입
니다.

인공지능의 시대, 어떤 일을 할 것인가?

뇌과학자 김대식 교수가 쓴 『빅 퀘스천』이라는 책이 있어요.
물리학, 생물학, 뇌과학 등 과학 지식을 씨줄 삼아, 그리스 로마
신화에서 현대의 SF에 이르기까지 온갖 이야기를 날줄 삼아, 종횡
무진 질문을 쏟아 냅니다. 좋은 스승은 답을 알려 주는 사람이 아
니라 좋은 질문을 던지는 사람입니다. 김대식 교수는 이 책의 끝
에서 두 개의 질문을 던집니다.

'마음을 가진 기계를 만들 수 있는가?'

'인간은 기계의 노예가 될 것인가?'

인공지능의 시대가 오는 것은 피할 수 없대요. 기계가 인간의
지능을 넘어서는 순간은 필연적으로 오고, 어느 순간에는 우리의
운명을 기계에 맡겨야 한답니다. 인공지능이 지배하는 시대에도
인류가 살아남기 위해서는 어떻게 해야 할까요? 저자는 기계에
게 자비심을 심어야 한다고 말합니다.

SF 영화에서도 자주 나오는 장면이지요. '기계가 각성을 하면
인간을 어떻게 대할 것인가. 더 우월한 존재가 열등한 존재를 어
떻게 대할까?' 인간의 지능을 초월한 인공지능 기계에게 자비심

을 심으려면 어떻게 해야 할까요? 인간이 인간에게, 서로에게, 자비심을 보이면 된답니다. 인공지능은 인간의 마음을 바탕으로 만들어집니다. 빅데이터로 제공되는 인간의 행동과 습성을 학습하면서 성장할 테니까요. 결국 인간에게 없는 것을 기계에게 요구할 수 없는 노릇입니다. 그러니까, 자비심의 용도는 인류 최후의 생존수단이지요.

김대식 교수님이 쓴 또 다른 책『기계 대 인간』의 뒤표지를 보면 '지배할 것인가, 지배당할 것인가!'라는 질문이 나옵니다. 살짝 겁나지요? 책에서 특히 인상적인 것은 인간처럼 학습하는 알고리즘, 즉 딥러닝의 등장입니다. 인공지능의 시대, 컴퓨터가 할 수 없는 일은 무엇일까요?

현재 거의 유일하게 딥러닝이 제대로 못하는 작업이 스토리텔링입니다. 뇌는 경험을 가지고 재해석해서 이야기를 만드는데 아직 딥러닝 기반의 인공지능은 그것을 잘 못합니다.

—『기계 대 인간』, p. 172

인공지능의 시대에 가장 각광받는 직업 중 하나가 창작자가 될 것이라 생각합니다.

꿈이 뭐냐고 물어보면, 월세 받아 사는 건물주가 되는 것이라고 대답한다는 얘기도 있는데요. 월세는 다른 사람의 소득을 가져오는 일입니다. 노동의 보람은, 불로소득이 아니라 내 손으로 일을 한 대가를 버는 데 있습니다. 그렇다고 월급쟁이 노릇도 크게 권할 만한 일은 아닙니다. 월급은 나의 시간, 혹은 나의 존엄성을 팔아서 버는 돈인데, 앞으로는 그런 일자리가 줄어들 것입니다. 창작자들이 받는 인세는 어떨까요? 인세란 나의 재능과 열정을 바쳐 다른 이에게 즐거움을 선사한 대가입니다. 인세를 벌며 살 수 있다면, 남에게 스트레스 줄 일도 없고 스트레스 받을 일도 없으니 그야말로 최고의 직업 아닐까요?

강한 인공지능이 출현하면 상당수의 직업이 사라지겠지만, 컴퓨터가 창작까지 대신할 수는 없습니다. 소설을 번역하는 일은 자동번역기가 한다고 해도 소설을 창작하는 건 여전히 인간의 몫으로 남을 테니까요. 딥러닝의 시대, 창의성을 기르는 것이 곧 경쟁력입니다.

창의성을 어떻게 기를 것인가?

예전에 MBC와 KBS 피디들이 한자리에 모여 차를 마시며 이런저런 얘기를 나눴어요. 3,40대 피디들이 모여 앉아 이야기를 나누다 보니 자연히 자녀 교육 이야기가 화제가 되더군요. 아이를 창작자로 키우고 싶은데 어떻게 해야 하는가? 예전에는 결핍이 창의성의 원천이 되던 시절도 있었어요.

제가 아는 드라마 작가 한 분은 어린 시절에 집안 형편이 어려워 세탁기도 없었답니다. 당시에 어느 라디오 프로그램에 사연을 보내면 세탁기를 상품으로 줬대요. 세탁기 욕심에 사연을 열심히 써서 보냈는데, 어느 날 덜컥 뽑혔답니다. '냉장고도 한번 타볼까?' 상품 욕심에 사연을 계속 보냈는데, 자꾸 떨어지더랍니다. 뽑히기 위해 어떻게 해야 할까 계속 고민했어요. '같은 이름으로 자꾸 보내니까 안 되나?' 동네 아줌마들을 찾아다니며 재미난 사연을 수집했답니다. 아줌마들의 사연을 대신 써 주고, 상품을 타면 반반 나눴답니다. 사연을 수집하고 각색하면서 세간 살림을 모았는데, 그게 자연스러운 드라마 작법 공부가 된 겁니다. 드라마 작가란 주위의 재미난 사연을 수집하고, 그걸 이야기로 푸는 사람이거든요. 집이 가난해서 세탁기 타려고 라디오에 사연을 보냈던 그분은 지금 1년에 10억 이상을 버는 드라마 작가가 되었지요.

이제는 어려운 가정 형편 탓에 글을 쓰는 시대는 아닙니다. 물질적으로나 경제적으로 예전보다 풍요로워졌는데 문제는 그 과정에서 우리 모두 너무 바빠졌어요. 목동에 사는 한 KBS 피디가 아들 이야기를 꺼냈습니다.

"우리 집 아들은 중학생인데 기타를 참 좋아합니다. 매일 기타를 붙들고 사는데 심지어 밤늦게까지 침대에 누워 기타 코드 잡다가 기타를 안은 채 그대로 잠들기도 합니다."

와, 아이가 공부하다 그대로 책상에 엎드려 잠들었다는 얘기보다 더 부러웠어요.

"중학생인데 벌써 직접 작곡도 하고 그럽니다. 나중에 기타리스트나 작곡가가 되는 게 꿈이랍니다."

그 자리에 있는 피디들이 부러움의 탄성을 질렀어요.

"그 어린 나이에 창작자의 꿈을 갖게 된 비결이 뭔가요?"

"집이 목동이지만, 아이에게 사교육은 전혀 시키지 않습니다. 저녁에 학원도 안 보내요. 동네에서 학원에 안 다니는 아이는 저뿐이니까 같이 놀 친구가 없어 늘 심심해하더라고요. 그래서 기타를 사다 줬더니 바로 빠져 버린 거예요. 이제는 기타 없이는 못 살아요."

창작자의 삶을 꿈꾸는 사람은 좀 한가해질 필요가 있어요. 어려서부터 부모가 짜 주는 스케줄에 따라 바쁘게 움직인 사람은 나중에 직장에 들어가서도 누군가 시키는 일만 죽어라 할 겁니다. 어려서 놀아 보기도 하고 무언가에 빠지기도 한 사람이 평생 가는 취미도 찾고 거기서 평생 일자리를 찾을 수 있습니다. 좋아하는 게 무엇인지 찾으려면 좀 한가해져야 합니다. 정말 심심해서 못 견딜 지경이 되었을 때, 하고 싶은 일이 진정한 취미거든요. '아이를 창작자로 키우려면, 아이를 자유롭게 풀어 주자.' 그게 그날의 교훈이었습니다.

창작은 직업이 아니라 삶의 자세다

이제는 행복의 정의를 바꿔야 할 때입니다. 명문대를 나와 대기업에 취업하고 평생 같은 직장을 다니는 것은 과거의 방식입니다. 첫째 명문대에 들어가기도 너무 힘들어졌고, 둘째 평생직장을 유지하는 것이 어려워졌습니다. 이제는 평생직장보다 평생 가는 직업을 찾아야 합니다.

PD라는 직업을 만난 것은 제 인생 최고의 행운입니다. 제가 입사할 때만 해도 PD가 되는 것이 쉬웠는데, 요즘은 신입 사원 공채도 잘 뽑지 않아 몇 년째 신입 PD가 없어요. 어쩌다 한 번 뽑으면 경쟁률이 1,200대 1입니다. 이 재미난 직업을 더 많은 사람이 누렸으면 좋겠는데, 그게 쉽지가 않더군요.

어떻게 하면 더 많은 사람들이 창작의 즐거움을 누릴 수 있을까 고민하던 차에 이런 생각이 들었어요. '잠깐, 방송사에 입사해야만 창작자가 되는 건가? 요즘 시대 유튜브나 블로그가 있는데, 누구나 창작자의 삶을 즐길 수 있지 않을까?' 예전에는 자신의 글을 사람들에게 읽히고 싶은 사람은 신문사에 들어가 기자가 되고, 재미난 영상을 만들고 싶은 사람은 방송사에 들어가 피디가 되었어요. 이제는 블로그나 페이스북을 통해 자신의 글을 세상 사람들에게 보여 줄 수 있고, 직접 만든 영상을 유튜브로 전 세계 사람들에게 보여 줄 수 있는 시대입니다. 이제 창작자는 직업이 아니라 삶의 자세입니다.

『무엇이 삶을 예술로 만드는가』라는 책을 보면, 지적인 사람은 '해야 할 일을 행하는 사람'이고 창조적인 사람은 '하고자 하는 일을 행하는 사람'이라고 합니다. 자신이 하고 싶은 일을 하며 살겠다고 마음먹은 사람이라면 누구나 창작가가 될 수 있어요. 예전에는 예술가라고 하면 돈 못 버는 직업이라 하여 기피하는 일도

인공지능의 시대, 노는 인간이 되자

많았지요. 앞으론 돈을 버는 게 그리 중요하지 않아요.

　인공지능이 발달하여 실업이 늘어나면 기본소득 제도가 도입될 것입니다. 자본주의 사회에서 경제활동이 돌아가려면 소비자가 있어야 하거든요. 대량실업 탓에 수입이 없는 사람들이 늘어나면 결국 기업이 생산한 물건을 살 사람도 없어집니다. 모든 사람들에게 기본 소득을 나눠 주고 그 돈으로 소비활동을 하고, 그 소비를 바탕으로 기업이 생산활동을 이어 가는 시대가 올 겁니다. 그런 시대에는 돈이 중요하지 않아요. 오히려 즐기는 일이 있느냐 없느냐가 중요하지.

　『바보야, 문제는 돈이 아니야』라는 책에서 고전평론가 고미숙 선생님은 이렇게 말씀하십니다.

대학의 몰락, 청년백수, 저출산 등을 떠올리면 참으로 암울하다. 하지만 어둠이 있으면 빛이 있는 법. 아이러니하게도 대학의 지성은 실종됐지만, 지성 자체는 전 인류적으로 해방되었다. 인류가 지금까지 터득한 모든 지식과 정보는 다 스마트폰 안에 들어 있다. 경전을 얻기 위해 십만 팔천 리를 갈 필요도, 머나먼 이국땅으로 유학을 떠날 필요도 없다. 어디 그뿐인가. 누구든 유튜브를 통해 세계 최고의 지성인과 직접! 대면할 수도 있다. 바야흐로 '대중지성의 시대'가 도래한 것이다.

—『바보야, 문제는 돈이 아니야』, p. 135

　　　　　　　　　　　　　　　　　　　　/ 김민식

과거를 통해 관직에 나가지 못한 조선 시대 양반은 노는 게 직업이었어요. 책을 읽고 글을 쓰고 난을 치며 풍류를 즐기는 인생. 앞으로 우리 모두 조선 시대 양반처럼 살 수 있어요. 양반 계급이 노동에 종사하지 않고도 생활이 가능했던 것은 사농공상 중 농업, 공업, 상업에 종사하는 평민 계층이 있었기 때문이지요. 평민과 노비의 노동력을 수탈할 수 있었기에 양반은 자유를 누릴 수 있었어요. 이제 우리도 기계와 컴퓨터에게 생산 및 유통을 맡기고, 조선 시대 선비처럼 살 수 있습니다. 인류 역사를 통틀어 가장 풍요로운 시기가 옵니다. 독서를 하고 글을 쓰는 데 이보다 더 좋은 시절도 없었어요. 고미숙 선생님은 '백수는 미래다'라고 말합니다. 역사상 위대한 인물은 다 백수였대요.

공자가 타의에 의한 백수라면 붓다는 자발적 백수에 해당한다. 노자야 뭐 더 말할 나위도 없고. (중략) 그럼 이들은 대체 왜 그런 길을 갔던가? 무능해서? 아니면 시대와 불화해서? 아니다! 그렇게 사는 것이 '인간의 길'이라 여겼기 때문이다. 다시 말해 백수로 살아가는 것이 가장 고귀한 삶임을 자각했기 때문이다. 솔직히 그렇지 않은가. 지금 이 치열한 경쟁의 시대에도 우리는 잘나가는 정규직이 아니라 '길 위의 현자'들을 멘토로 삼는다. 그거야말로 모든 사람이 추구하는 인생의 목표가 결국은 정규직이 아니라 자유인이라는 증거가 아닐까.

— 『바보야, 문제는 돈이 아니야』, pp. 273~274

백세 시대, 백수가 대세입니다. 앞으로는 노는 것을 부끄러워할 필요가 없어요. 누구나 놀게 될 겁니다. 오히려 잘 노는 사람이 빛을 발휘하는 시대가 옵니다.

잘 놀아야 잘 산다

고등학교 진로 특강에 가면 제가 자주 하는 얘기가 있어요.

"여러분 중에서 어른이 되어 인생을 가장 힘들게 살 사람은 전교 일등입니다. 이과 전교 일 등은 당연히 의대에 가야 한다고 생각하고, 문과 전교 일등은 당연히 법대에 갑니다. 아무도 전교 일등의 적성이나 취향에는 관심이 없어요. 우리나라에서 무조건 제일 좋은 직업을 가져야 한다고 생각하지요. 그런데 의사가 되면 매일 아픈 사람들을 상대하고, 법관이 되면 매일 나쁜 사람을 만납니다. 세상에서 가장 힘든 직업이 의사와 법관이에요. 그럼에도 아무도 전교 일 등의 적성에는 관심이 없지요. 오히려 공부를 좀 못하면 어른들이 관심을 갖습니다. '그래서 넌 뭐 할 때 가장 즐겁니?' 어떤 직업을 선택할 때 기준은 세상이 아니라 나 자신이 되어야 하는데 전교 일등은 이게 쉽지 않습니다."

너무 열심히 공부한 친구들은 자신이 원하는 일보다 세상이 권하는 일을 할 가능성이 높다는 거, 참 아이러니지요?

과거에 명문대 졸업생이 취업에서 유리했던 이유가 무엇일까요? 좋은 대학에 갔다는 것은 학창 시절을 성실하게 보냈다는 나름의 증명이었거든요. 인공지능의 시대, 성실함으로는 로봇과 경쟁할 수 없으니, 우리에게 중요한 것은 인간으로서의 공감 능력과 창의성입니다. 공감 능력을 기르는 가장 좋은 방법은 독서입니다. 책을 통해 다른 사람의 생각과 감정에 이입하는 훈련을 한다면 공감 능력을 기를 수 있어요. 창의성은 내가 좋아하는 일에 집중하는 일입니다. 다른 사람 눈치 보지 말고 내가 좋아하는 게 뭔지 알아내야 합니다. 내가 좋아하는 일조차 열심히 할 수 없다면, 세상이 시키는 일은 더더욱 힘들거든요.

일과 놀이가 하나 되는 경지, 누구나 꿈꾸지만 쉽지는 않습니다. 일을 놀이처럼 하는 건 어렵습니다. 대신 놀이를 일처럼 하면 됩니다. 어떤 놀이든, 열심히 하면 잘하게 되고, 내가 좋아하고 잘하는 일은 직업으로 쉽게 전환됩니다. 기왕에 논다면 잘 노는 게 중요합니다. 논다고 하면 멍하니 앉아 TV를 보거나 게임을 하는 걸 생각하는데요. 이런 놀이들은 쉽고 재미있을지는 몰라도 직업으로 전환되기 어렵습니다. 남이 만든 것을 갖고 노는 수동적 여가보다 가급적 자신이 직접 무언가를 만들며 표현하면서 노는 능동적 여가를 권합니다. 그 편이 훨씬 더 재미있고 의미도 있어요.

요즘 우리는 게임이나 TV 시청 같은 수동적인 여가에 넋을 빼앗깁니다. 이건 우리가 삶에서 너무 많은 에너지를 빼앗기고 있기 때문이지요. 하루 종일 학원에서 선행학습을 하고 과외 숙제를 하다 보면 쉬는 시간에 공 찰 힘도 없어요. 그러니 엄지를 놀려 스마트폰 게임만 합니다. 야근에 잔업까지 회사에서 시달린 직장인은 퇴근하고 취미 활동이나 운동을 할 에너지가 없습니다. 그러니 게임을 하거나 축구 중계를 보면서 시간을 보내지요.

앞으론 좀 더 게을러져도 좋을 것 같아요. 일은 기계에게 맡기고, 사람은 취미나 예술 활동에 정력을 기울였으면 좋겠습니다. 그런 시대에는 남이 시키는 일만 하는 사람보다 자신이 하고 싶은 일을 찾아 즐겁게 하면서 사는 사람이 분명 더 행복한 삶을 살 겁니다.

공격이 최선의 수비다

다가올 인공지능의 시대, 어떻게 살아야 할까요? 솔직히 정답은 없다고 생각합니다. 이 글을 쓰기 위해 인공지능 관련 서적이나 창의성 계발에 관한 책을 계속 읽었습니다. 몇 달 동안 수십 권의 책을 읽었지만 여전히 세상이 어떻게 바뀔지, 창의성을 기르기 위해 어떻게 해야 하는지 잘 모르겠어요. 이럴 때는 어떻게 해야 할까요? 수비보다 공격이 우선이라고 생각합니다.

연출론 강의에 가면 작가 지망생이나 PD 지망생들이 물어봅니다.

"PD가 드라마를 선택하는 기준은 무엇입니까?"

"성공하는 드라마 공식이 있다고 생각합니까?"

솔직히 저는 아직 연출력이 부족한 탓인지 어떤 드라마가 성공할지 알아보는 안목이 부족합니다. 어떤 드라마가 대박이 날지는

/ 김민식

알 수 없습니다. 정해진 드라마 성공 공식이 있다면 천편일률적으로 만들어지는 드라마는 결국 사람들의 외면을 받을 겁니다. 세상에는 수천만의 시청자가 있고 그들이 좋아하는 드라마는 다 제각각이에요. 세상에 정답은 없어요. 남들이 무엇을 좋아하는지 알 수 없기에, 저는 제가 좋아하는 것에 집중합니다. 남이 좋아할 것 같은 대본은 의미 없어요. 무조건 내가 재밌는 게 우선이거든요.

배우도 마찬가지예요. 어떤 배우가 인기가 있고, 어떤 배우가 비호감인지 사람마다 의견이 다릅니다. 중요한 건 함께 일하는 내가 그 배우를 좋아하느냐 아니냐입니다. 연출이 좋아하지 않는 배우를, 시청자들이 좋아하기를 기대할 수는 없는 노릇입니다. 내가 재미있는 이야기를 가지고, 내가 좋아하는 배우들과, 현장에서 즐겁게 일하다 보면 그 즐거움이 화면에도 드러날 것이라 희망합니다. 시청률이니 광고 판매율이니 하는 결과도 중요하지만, 그보다 더 중요한 것은 과정입니다. 결과가 나쁘더라도 과정을 즐길 수 있다면 그 자체로 의미가 있어요. 내가 좋아하는 것을 해야 잘하기도 쉽습니다. 좋아하지 않는 대본을 갖고, 좋아하지도 않는 연기자를 촬영하며 열정이 생기기를 바랄 수는 없으니까요.

저는 인생이 축구와 비슷하다고 생각합니다. 앞으로 세상이 어떻게 바뀔지, 어떤 직업이 잘될지, 알 수 없습니다. '무엇이 필요할지 모르니 모든 일을 다 하겠다. 영어도 하고, 공부도 하고, 미술도 하고, 예체능도 하고, 모든 걸 다 하겠다.' 이렇게 생각하는 건 수비형의 삶입니다. 수비란 참 피곤하고 힘들어요. 상대편이

어디를 공격할지 모르니 모든 곳을 다 막아야 하거든요. 반면에 공격은, 내가 공을 몰고 가고 싶은 곳으로 몰고, 차고 싶은 방향으로 차면 됩니다. 공격이 훨씬 더 즐거워요.

인생, 수비하면서 보내지는 말아요. 남 눈치 살피지 말고 내가 하고 싶은 일을 하는 게 우선입니다. 세상이 내게 원하는 일이 무엇인지 알 수 없을 때, 내가 세상을 살면서 하고 싶은 일에 집중하면 됩니다. 사실 세상은 내게 별로 관심이 없어요. 나를 좋아하고, 나를 가장 아끼는 것은 바로 나 자신입니다. 그러므로 나의 욕망에 충실하게 사는 것이 결국 세상을 가장 잘 사는 방법입니다.

아직 내가 무엇을 좋아하는지, 어떤 일을 하고 싶은지 모른다면, 너무 걱정할 필요 없어요. 100세까지 사는 시대잖아요. 10대, 20대에 자신이 좋아하는 것을 찾고, 30대, 40대에 그 일을 잘하려고 노력하고, 50대 이후엔 자신이 좋아하는 일, 자신이 잘하는 일로 사회에 봉사하면 됩니다.

좋아하는 일, 잘하는 일, 세상에 도움이 되는 일, 이 세 가지를 찾아 하나로 일치시키는 것이 인생을 행복하게 사는 길입니다. 아직 10대라면, 자신이 좋아하는 일을 찾는 데 아직 10년 이상의 여유가 있습니다. 놀면서 자신의 적성을 천천히 찾아보시기 바랍니다.

예전에는 열심히 일하다 성공하면, '인간 승리'라고 했지요. 앞으로는 잘 놀다가 성공한 사람을 가리켜 '인간 승리'라고 할 것 같아요. 노예처럼 열심히 일만 하다 성공하는 건 '로봇 승리'입니다.

/ 김민석

죽어라 일만 하는 건 로봇을 따라갈 수 없으니까요. 저는 인공지능의 시대를 비관하지 않아요. 힘든 노동으로부터 해방된 인간이, 창의적인 여가 활동을 즐기는 시대가 되기를 희망하니까요.

김고연주

연세대학교 문화학협동과정에서 청소년성매매를 주제로 석·박사 논문을 썼다. 십대들을 만날 때마다 에너지를 받으면서도 진이 빠지는 묘한 경험을 하곤 한다. 그럼에도 거부할 수 없는 매력에 사로잡혀 십대들의 목소리를 반영한 책을 쓰고 있다. 『길을 묻는 아이들』, 『조금 다른 아이들, 조금 다른 이야기』, 『우리 엄마는 왜?』, 『엄마도 아프다』(공저), 『소녀, 설치고 말하고 생각하라』(공저) 등을 썼다. 현재 서울시 젠더자문관으로서 서울시가 성평등을 통해 인간의 존엄이 실현되는 도시가 될 수 있도록 노력하고 있다.

04

청소년 성매매
6문 6답

2015년 3월에 서울 관악구에 있는 한 모텔에서 14세 소녀가 살해되었습니다.

범인은 37세의 성매수자였어요. 범행을 저지른 김씨는 이번 사건 전에도 상습적으로 성매수를 해 왔습니다. 뿐만 아니라, 수면마취제를 들고 다니며 성매매 피해자들을 기절시킨 뒤 성매매 대가로 지불했던 금액을 빼앗아 달아나곤 했어요. 한편 14세 소녀는 3명의 알선자들에게 감시를 받으면서 성매매를 강요받고 있었습니다(관악구 성착취 피해청소년 살해사건 공동성명서). 사건이 벌어진 날도 14세 소녀는 알선자들의 감시 하에 범인을 만났던 거였어요. 충북 지역에 살던 중2 여학생은 서울로 가출한 지 다섯 달만에 비극적 죽음을 맞이했습니다*.

* 〈여성신문〉. "'봉천동 모텔 살해사건' 14살 가출 소녀와 성매매 후 죽인 범인은 열등감 심한 남성우월주의자". 2016.7.27.

정말 충격적이고 슬픈 사건이죠. 이 사건은 언론에 연일 크게 보도되며 한국 사회에서 십대 여성들의 성착취가 얼마나 심각한 수준인지를 다시 한 번 확인해 주었습니다. 여러분들 중에서도 이 사건을 접한 친구들이 많을 거예요. 또래가 이토록 비참하게 살해당했다는 소식에 여러분들도 큰 충격을 받았을 겁니다.

실제로 여러분들 주위에 청소년 성매매, 요새는 '조건'이라고 들 하죠? 조건을 하는 친구들이 있을 거예요. 아니면 적어도 조건을 하는 친구가 있다는 얘기를 들어 본 적이 있을 거예요. 그만큼 청소년 성매매를 하는 십대들이 적지 않습니다. 주로 십대 여성들이 하고 있지만, 요새는 십대 남성들도 증가하는 추세고요.

청소년 성매매는 심각한 사회 문제일 뿐 아니라 여러분의 친구들, 그러니까 바로 여러분의 문제예요. 하지만 당사자인 여러분들이 청소년 성매매에 대해 배울 수 있는 기회가 별로 없을 겁니다. 가끔씩 뉴스나 신문에 보도되는 자극적인 내용으로, 아니면 친구들 사이에서 꼬리에 꼬리를 문 소문으로 접하는 정도일 거예요. 그러다 보니 청소년 성매매에 대해 잘 모를 뿐 아니라 잘못 알고 있는 경우도 많습니다. 지피지기면 백전백승이라고 하죠. 6문 6답을 통해 청소년 성매매에 대한 여러분들의 궁금증을 풀어 보는 시간을 가져 보아요.

1. 청소년 성매매는 언제 등장했나요?
2. 요새는 조건이라고 하던데요?

/ 김고연주

3. 조건을 하는 이유가 뭐예요?

4. 조건이 증가하는 이유가 무엇인가요?

5. 조건을 하면 돈을 많이 벌 수 있나요?

6. 조건을 하는 십대 여성들이 왜 피해자인가요?

1. 청소년 성매매는 언제 등장했나요?

청소년 성매매는 원래 '원조교제'라고 불렸어요. 들어 봤지요?
지금으로부터 약 20년 전인 1997년에 처음으로 한국에 소개되었
답니다. 원조교제는 일본의 엔조코사이의 한자 援助交際를 한글
로 표기한 것이에요. 원조는 '돕다', 교제는 '사귀다' 곧 '도우면서
사귀다'란 뜻이죠. 언론은 일본에서 시작된 원조교제가 한국으로
수입되었다며 호들갑을 떨었어요. 당시 한국 사회는 원조교제의
등장에 큰 충격을 받았답니다. 표면적으로는, 무성적인 존재로
간주되었던 십대 여성이 성시장에 유입된 것에 대한 반응이었어
요. 그러나 십대 여성은 이미 오래전부터 다양한 업소에 고용되
어 있었죠. 다방, 노래방, 보도방 등등이요. 십대 여성의 성매매는
공공연한 사실이었던 거예요. 그런데 왜 한국 사회는 새삼스럽게
원조교제에 큰 충격을 받았을까요? 바로 원조교제를 하는 '십대
여성이 누구냐'라는 문제 때문이었어요.

다방, 노래방, 보도방처럼 포주에게 고용돼 업소에서 성을 매
매하는 행위는 하나의 '직업'으로 간주되었습니다. 고용된 여

성들은 감시를 받으며 업소에서 생활해야 했어요. 따라서 학교도 다니지 못하고 집에서도 살지 못했죠. 이런 십대 여성들은 소위 '비행청소년'이기 때문에 이들이 성매매를 하는 것에는 별 관심이 없었어요. 그러려니 했던 거예요. 반면에 원조교제는 포주에게 고용되지 않은 개인형 성매매에요. 포주가 없기 때문에 십대 여성들은 집에 살고 학교를 다니면서 돈이 필요할 때 성매매를 할 수 있었죠. 이는 성을 매매하는 십대 여성이 누구인지도 알수 없을 뿐더러 성매매 업소에 격리되지도 않는다는 사실을 의미했어요. 곧 성녀/창녀 이분법이 붕괴된 것이죠. 특히 한국 사회는 십대 여성들이 무성적이고 순결한 존재로 남아 있기를 강요하잖아요. 그것을 위반한 십대 여성들에게 가해지는 사회적 낙인과비난은 매우 거셌습니다.

'원조교제' 32%가 여중생(《경향신문》, 1999.2.27.)

'매춘소녀' 절반이상이 비결손가정 출신, 서울지검 단속결과(《한겨레》, 1999.12.23.)

15살의 원조교제 충격 '아저씨가 아니에요, 돈이에요'(《한겨레》, 1999.11.18.)

10대매춘 '거리 접속'(《한겨레》, 1999.12.20.)

10대들의 일그러진 성의식 조명 iTV '리얼TV경찰 24시'(《매일경제》, 1999.9.27.)

/ 김고연주

1999년에 보도된 이 기사들은 얼마나 어린 나이에, 얼마나 많은 십대 여성들이 거리낌 없이 원조교제를 하는가에 집중하고 있어요. '결손' 가정 출신의 비행청소년이 아닌 '평범한' 십대 여성들이 '적극적으로' 원조교제를 하고 있다는 사실을 강조하며 이들의 성의식이 비뚤어졌다고 개탄하고 있습니다. 반면에 이 기사들에는 빠진 부분이 있어요. 뭘까요? 맞아요. 하나같이 십대 여성들에 대해서만 이야기하고 있어요. 이들의 성을 구매하는 성인 남성에 대해서는 언급조차 하지 않고요. 우리 사회가 남성들의 성구매를 얼마나 자연스럽게 생각하는지를 알 수 있어요.

2. 요새는 조건이라고 하던데요?

　원조교제는 도우면서 사귄다는 뜻이잖아요. 그렇다면 누가 누구에게 무엇을 어떻게 돕는다는 뜻일까요? 원조교제를 할 때 성인 남성은 십대 여성에게 선물도 사 주고, 밥도 사 주고, 같이 노래방 가고, 술도 마셨어요. 물론 성관계도 하고요. 어라? 아주 익숙한 모습이네요. 맞아요. 마치 연인들 같죠. 성인 남성은 십대 여성이 자신을 돈 때문이 아니라 정말 마음에서 우러나 만나 주기를 바랐어요. 돈을 주고 성매매를 하고 난 후 쓸쓸함과 비참함을 느끼는 남자들이 적지 않대요.

　그렇다면 십대 여성은 왜 이런 만남을 지속했을까요? 성인 남성과 연인 같은 관계를 유지하는 게 매우 싫었을 텐데 말이에요.

이는 청소년 성매매의 장점이자 단점, 곧 개인형 성매매라는 특징에서 비롯합니다. 개인형 성매매는 포주가 없기 때문에 포주에 의한 감금, 착취, 폭행, 할당량, 선불금 등에서 자유로워요. 하지만 포주는 성매매 여성을 성매수 남성으로부터 보호해 주기도 하는 모순적인 존재예요. 포주는 성매매 여성이 언제 어디로 누구와 함께 성매매를 하러 갔는지를 알고 있잖아요. 이를테면 증인이죠. 하지만 포주 같은 증인이 떡하니 있어도 성매매 여성은 성매수 남성들한테 맞고, 돈을 뺏기고, 원하지 않는 성적 행위를 강요받는 일이 다반사예요. 그러니 포주가 없으면 십대 여성은 아무런 보호 장치 없이 성매수 남성과 단 둘이 있게 되는 겁니다. 얼마나 위험하겠어요. 성매매에 유입된 십대 여성들은 언제나 크고 작은 위험에 노출되어 있습니다. 낯선 사람을 만날 때마다 어떻게 돌변할지 알 수 없어요. 그래서 십대 여성은 자신의 안전을 지키기 위해 자신에게 위해를 가하지 않은 남성과의 만남을 지속했던 것입니다.

이렇게 성인 남성은 십대 여성에게 경제적인 도움을 주고, 십대 여성은 성인 남성에게 감정적인, 또 성적인 도움을 주었어요. 그래서 원조교제는 '도우면서 사귀다' 곧 '연애와 같은 성매매'로 알려졌지요. 연애와 성매매는 서로 가장 멀리 있다고 생각했는데, 이 두 가지가 공존하다니! 이로 인해 원조교제에 대한 반감은 더욱 커졌습니다. 하지만 '연애와 같은 성매매'라는 규정은 성매수 남성의 입장이에요. 성매수 남성은 지속적으로 만나면서 연애

감정을 느끼고 싶어 했지만, 십대 여성은 신변의 안전을 위한 방편에 불과했어요. 그야말로 동상이몽이었죠. 그러다 보니 성매매를 통해 십대 여성과의 유사 연애를 원하는 남성들과, 성매매가 돈을 버는 수단으로 그치기를 바라는 십대 여성 사이에 갈등이 잦았답니다. 결국 용어의 변화가 생겨났어요. 원조교제의 연애적 속성은 '애인대행'으로, 성매매적 속성은 '조건'으로 분리되었답니다.

조건은 '조건 만남'의 줄임말이에요. 남성과 여성이 주로 인터넷이나 스마트폰으로 채팅을 하면서 자신들이 원하는 '조건'을 제시하는 데서 유래했어요. 나이, 장소, 가격, 횟수, 가능한 서비스의 종류 등의 조건을 내걸어 상호 합의하면 만남이 성사됩니다.

3. 조건을 하는 이유가 뭐예요?

조건을 하는 이들은 성매수 남성과 십대 여성입니다. 이들이 조건을 하는 이유는 매우 다양할 거예요. 그런데 우리 사회에서는 성매매를 여성의 문제로 보는 시선이 강해요. 아마도 여러분들 중에서도 이 질문을 읽고서 성매수 남성이 아닌 십대 여성만 떠올리는 친구들이 많을 거예요. 우리 사회의 인식에 익숙해져 있기 때문에 자신도 모르게 성매매는 성을 파는 여성들이 문제이고, 성을 사는 남성들은 문제가 아니라고 생각하기 쉽거든요. 남성들은 애초에 성욕이 강하게 태어났고, 성욕을 해소하지 않으면 성폭력까지 저지를 수도 있다고 생각하는 겁니다. 반성매매 활동단체인 〈이룸〉은 이러한 생각 곧 '성매매가 없어지면 성폭력이 만연할 거야', '성매매 여성들이 성폭력 없는 세상을 위해서 일조를 하고 있는 거야'라는 통념을 반영하는 말이 "성매매는 필요악"이라고 지적합니다(반성매매 인권행동 이룸 홈페이지). 정말 그럴까요? '남성들은 돈을 주고 성매매를 해서라도 성욕을 해소하지 못하면 성폭력을 저지를 것이다'라는 생각이야 말로 남성들을 모욕하는 말이지 않나요.

만일에 이런 통념이 사실이라면 성매매를 자유롭게 할 수 있는 나라에서는 성폭력이 많지 않을 거예요. 반대로 성매매에 대한 단속과 처벌이 강한 나라에서는 성폭력이 많을 거고요. 우리나라는 비교적 자유롭게 성매매를 할 수 있잖아요. 그렇다면 우리나라에서는 성폭력이 적을까요? 반성매매 인권행동 이룸에 따르면 한국의 성폭력 범죄 발생률은 인구 100명당 1명을 웃돌아 OECD 평균(0.6)보다 2배가량 많다고 합니다. 여성들의 입지가 불리할수록, 성범죄 수위도 높고 성구매 비율도 높기 때문입니다(반성매매 인권행동 이룸 홈페이지). 미국 샌프란시스코의 〈성매매 연구와 교육(Prostitution Research and Education)〉이라는 반성매매단체의 연구에서도 결과는 비슷했어요. 성매매를 하는 남성들은 남성이 여성보다 우월하며, 여성들을 성적으로 이용할 권리가 있다고 생각한답니다. 또한 성매매를 하지 않는 남성들을 이해하지 못했고, 처벌만 받지 않는다면 강간도 할 수 있다고 말했으며, 일반 여성들과도

/ 김고연주

공격적인 성행위를 하는 비율이 높았대요(팔리, 2014).

이러한 결과들을 보고 있자니 궁금증이 생긴 친구들이 있을 거예요. "성매매랑 성폭력은 다른가? 성매매는 성폭력이 아닐까?" 우리 사회에서는 성매매와 성폭력을 구분하지요. 하지만 성매매를 성폭력의 한 종류라고 생각하는 사람들이 적지 않습니다. 가장 큰 이유는 많은 성매매 여성들이 그렇게 생각하기 때문이에요. 한 성매매 여성은 이렇게 말했어요. "다른 사람에게 하면 강간이 되지만 우리에게 하면 정상적인 행위로 간주된다." 곧 성매매는 '돈을 주고 하는 강간'으로, 여성 폭력을 상품으로 포장한 것입니다(팔리, 2014).

그렇다면 성매수 남성들이 성인 여성이 아니라 십대 여성의 성을 구매하는 이유가 무엇일까요? 성인 여성과 십대 여성이 다르다고 생각하기 때문이겠죠. 성매수 남성들은 성인 여성보다 십대 여성들이 어리기 때문에 더 다루기가 쉽고, 더 성적 경험이 적을 거라고 생각합니다. 특히 여성의 순결에 대한 집착이 강해서 순결한 십대 여성과의 성관계는 백만 원 정도에 거래되곤 했답니다(김고연주, 2004).

사실 십대 여성이 어리기 때문에 다루기 쉽다기보다, 포주가 없기 때문에 마음대로 하기가 더 쉽다는 거겠죠. 앞서 말한 대로 조건을 하는 십대 여성들은 수많은 위험에 노출되어 있잖아요. 그래서 포주와 함께 성매매를 하는 십대 여성들이 증가하고 있습니다. 성매수 남성으로부터 자신을 보호하기 위해서죠. 하지만 포주에게 고용되면 성매수 남성이 가하는 위험이 포주가 가하는 위험으로 대체될 뿐입니다.

이렇게 위험한데도 불구하고 십대 여성들이 조건을 하는 이유는 무엇일까요? 바로 돈 때문입니다. 십대들이 돈을 벌기 어렵다는 건 여러분들이 아주 잘 알고 있을 거예요. 십대들을 써 주는 데도 거의 없거니와 어렵게 일자리를 얻어도 일이 너무 힘들고, 돈은 너무 적잖아요. 일을 해서는 용돈을 벌기조차 어려운데 가출을 한 십대들은 어떻겠어요. 일을 해서 번 돈으로는 먹을 것과 잠자리 같은 생계를 해결하기가 거의 불가능합니다. 게다가 가출을 하면 오늘 당장 잠잘 곳이 필요한데 월급은 한 달을 기다려야받을 수 있잖아요. 이러다 보니 가출한 십대 여성들이 성매매로 내몰리는 거예요. 서울시가 2015년에 성매매 피해 십대 여성 40명을 대상으로 실시한 연구에서도 성매매 유입 원인은 '돈이 필요해서' 66.7%(26명), '잘 곳이 없어서' 46.2%(18명), '배고파서' 28.2%(11명) 순이었답니다(서울시, 2015).

4. 조건이 증가하는 이유는 무엇인가요?

성매매에 유입된 십대 여성들이 증가하는 이유는 다양합니다. 하지만 가장 중요한 원인은 십대 여성들의 성을 구매하고자 하는 '수요'가 증가하기 때문입니다. 그렇다면 수요는 왜 증가할까요? 여기에도 여러 가지 원인이 있겠지만, 근본적인 원인은 청소년 성매매를 해도 괜찮다고 생각하는 '문화'일 겁니다.

여러분은 상상하기 어렵겠지만, 1990년대까지만 해도 십대 여성들을 '섹시하다'고 생각하는 사람들은 거의 없었어요. 설령 있다 하더라도 그런 생각을 입 밖으로 말할 수 없었답니다. 사람들에게 엄청난 '변태'라고 손가락질 받았을 테니까요. 십대 여성들은 무성적인 존재로 간주되었거든요. 섹시함은 성인 여성, 그것도 일부 성인 여성들이 지니고 있는 매력이었답니다. 그런데 1990년대 후반부터 십대 여성들과 섹시함을 연결시켜 생각하는 사람들이 조금씩 조금씩 나타나고, 그런 생각들이 용인되기 시작했어요. 문화의 변화가 일어난 것이죠. 문화의 변화를 추동하는 가장 대표적인 것이 대중매체입니다. 대중매체는 십대 여성들을 섹시하다고 재현하고 있지요.

이러한 재현은 1990년대 후반에 아이돌 그룹들이 우후죽순처럼 등장하면서 시작되었어요. 수많은 아이돌 그룹들 중에서 살아남기 위해 자극적인 섹시함을 너도나도 내세우게 되었거든요. 그런데 이미 대중들에게 익숙한 섹시함으로는 주목을 받기 어려웠습니다. 지금까지는 없었던 새로운 섹시함이 필요했어요. 그것이 '십대 여성들의 섹시함'이었답니다. 예를 들어 1997년에 결성된 '베이비복스'는 1집에서 여전사의 이미지를 재현했지만 대중의 지지를 얻지 못했습니다. 1999년 3집에서 본격적으로 섹시한 콘셉트를 추가한 〈Get Up〉과 〈Killer〉로 큰 성공을 거두었어요. 1998년에 결성된 '핑클'은 발랄하고 청순하며 귀여운 옆집 소녀 같은 이미지를 보여 주다가 2000년에 발매된 3집의 타이틀곡 〈NOW〉에서 섹시한 댄스를 선보였습니다(차우진·최지선, 2011). '베이비복스'가 섹시한 콘셉트를 차용했던 1999년에 십대 멤버는 세 명(1981년생 심은진, 1982년생 간미연, 1984년생 윤은혜)이었어요. '핑클'이 섹시한 댄스를 선보인 2000년에는 가장 어린 멤버까지 모두 성인이 되었지만, '핑클'이 지니고 있던 소녀의 이미지와 섹시함이 겹쳐질 수밖에 없었습니다. 더욱이 2007년 이후 새롭게 등장한 소녀 그룹들은 명백히, 또는 우연으로 가장해 섹시함을 드러내고 있습니다. 예를 들어 '원더걸스'는 교복을 연상시키는 복장을 하고 있었지만 허리를 드러냈고, 가슴 부근을 강조하거나 허리선을 강조하는 안무를 선보였죠. '소녀시대'는 순백색 의상과 긴 머리와 같은 소녀 이미지에 허벅지를 다 드러낸 치마와 같은 의상을 통해 성적 코드를 가미했고요(김수아, 2010). 이렇듯 아이돌이 재현하는 소녀의 성은 순수성/선정성, 귀여운 아이/유혹적 여성, 단정함/천박함과 같은 이분법이 중첩되어 있는 것입니다(김예란, 2014).

이러한 이분법적인 요소들이 중첩되어 있는 모순된 성적 매력은 그 새로움으로 인해 '걸 신드롬'을 낳았습니다. 김수아라는 여성학자는 이 과정에서 남성팬들에 대한 관심과 논쟁의 효과에 주목했어요. 남성팬들이 정상인가, 정상이 아닌가, 곧 이들이 "변태/혹은 롤리타 콤플렉스"인 것은 아닌가에 관심이 집중되었다는 겁니다. 이러한 논쟁은 '삼촌팬'이라는 용어가 등장하면서 정리되었어요. 삼촌이라는 가족주의적 관계 설정은 "어찌되었건 만지고 싶고 안고 싶다는 욕정이 큰 부분을 차지하기에 이렇게 열광한다"는 비판을 근본적으로 차단할 수 있는 효과적인 개념이었습니다. 문제는 남성팬들에 대해 논쟁하는 동안 소녀 그룹의 이미지 제작 과정과 선정성 그리고 성적 매력을 강화하기 위한 성형과 다이어트를 강요받는 소녀 아이돌의 인격권 등에 대한 진지한 문제제기는 이루어지지 않았다는 겁니다(김수아, 2010).

그 결과 대중매체는 십대 여성들의 성적인 매력을 더욱 노골적으로 강조하고 있습니다. 십대 여성이 성적인 존재일 뿐 아니라, 성인 여성의 그것과는 다른 새로운 성적 매력을 지니고 있다는 인식은 십대 여성들을 성적으로 욕망하고 대상화하는 문화를 자연스러운 것으로 만들고 있습니다.

5. 조건을 하면 돈을 많이 벌 수 있나요?

많은 사람들이 십대 여성들이 조건을 하는 이유가 많은 돈을 쉽게 벌 수 있기 때문이라고 생각합니다. 정말 그럴까요? 우선 지금까지 살펴본 대로 절대로 '쉽게' 벌 수 없다는 것은 충분히 알 수 있다고 생각해요. 그렇다면 많은 돈을 버는 것은 사실일까요? 1997년에 원조교제가 등장하고 나서 한동안은 청소년 성매매의 가격이 상당히 높았어요. 그때까지 금기시되어 있었던 십대 여성들이 성시장에 등장하면서 이들이 '희소성'을 지니고 있었기 때문이었죠. 하지만 그런 높은 가격도 오래 유지되지 못했습니다. 청소년 성매매에 유입되는 십대 여성들이 증가하면서 희소성도 사라졌거든요.

오늘날 조건을 하는 십대 여성들은 큰 위험을 무릅쓰면서도 매우 적은 돈을 받고 있습니다. 게다가 십대 여성들은 가능하면 성매매를 하지 않으려고 합니다. 성매매를 하는 것이 몸과 마음에 너무 큰 상처를 입히기 때문이에요. 이러한 상처는 여성의 계급, 합법성 여부, 장소와 상관없이 동일했습니다. 모욕적인 발언, 폭행, 강간 등에 의해 우울증, 자살 충동, 약물과 알코올 남용, 식이장애, 자해 등등 신체적, 정신적 피해 증상은 끝이 없습니다(팔리, 2014). 실제로 저는 2008년에 1년 2개월 동안 청소년 성매매 피해 십대 여성들을 지원하는 시설에서 일하면서 가출한 채 조건을 하며 지내는 십대 여성들을 많이 만났어요. 그런데 이들은 대부분 아주 마른 몸에 철에 맞지 않는 옷차림을 한 채 몸 여기저기 성한 데가 없었어요. 돈이 없어도 성매매가 하기 싫어서 밥을 굶기가 일쑤였고, 계절이 바뀌어도 옷을 사지 않고 버티고 있었던 거예요. 밥도 잘 못 먹고, 잠도 잘 못 자고, 잘 씻지도 못해서 영양 상태를 비롯해 건강이 굉장히 악화되어 있었어요. 한 십대 여성은 입 안이 다 헤져서 음식을 먹을 수가 없을 정도였어요. 하지만 배가 너무 고팠기 때문에 울면서 음식을 넘겼죠. 또 하도 굶다 보니 밥을 든든히 먹고 난 후에도 센터에서 주는 간식들을 전부 가방 속에 챙겨 넣곤 했어요. 언제 또 굶을지 모르니까요. 게다가 이빨이

/ 김고연주

부러지고, 성병에 걸리고, 소화가 안 되고, 피부병에 걸리고 등등 그야말로 걸어 다니는 종합병원이었죠. 저는 직접 십대 여성들을 만나면서 이들이 조건을 해서 많은 돈을 번다는 것은 정말 잘못된 생각이라는 걸 알 수 있었어요. 물론 그중에는 집에 살고 학교에 다니면서 조건을 해 꽤 많은 돈을 버는 경우도 아주 가끔 있었어요. 하지만 조건으로 번 돈이 기분 나쁘다는 이유로, 또는 친구들에게 왕따를 당하지 않으려고, 또는 또 벌면 된다며 바로바로 써 버리곤 했어요. 이들 역시 조건을 해도 수중에 돈이 없을 뿐만 아니라 조건으로 인해 몸과 마음에 상처를 입는 것은 마찬가지였던 거죠.

이렇게 돈도 벌지 못하고, 위험한데도 십대 여성들이 조건을 계속하는 이유가 무엇일까요? 9개국 연구에 따르면 성매매 피해자의 89%가 경제적 생존을 위한 다른 대안과 탈출구가 없기 때문에 계속 성매매를 한다고 대답했답니다. 인도네시아에서 실시한 연구에 따르면 응답자의 96%가 성매매에서 벗어나기를 원했어요(팔리, 2014). 제가 만난 십대 여성들도 한 명도 빠짐없이 조건을 하고 싶지 않다고 대답했어요. 하지만 방법을 알 수 없다고, 그리고 혼자 힘으로는 할 수 없다고 고개를 떨구었답니다.

6. 조건을 하는 십대 여성들이 왜 피해자인가요?

우리나라에서는 아동·청소년 성보호법에 의해 성매매에 유입된 십대 여성들을 '피해자'로 명시하고 있어요. 하지만 이러한 법에 대해 "이들이 왜 피해자야?"라고 의아해하는 사람들이 많습니다. "누가 강제로 시킨 것도 아니고, 십대라고 해서 자신의 행동에 책임을 질 수 없을 정도로 미숙한 것도 아닌데, 게다가 성매수 남성은 얼굴까지 공개되는데 형평성이 너무 없어"라고 말이죠.

그런데 이렇게 피해자라는 규정에 반대하는 생각은 사실 법에도 반영되어 있답니다. 법은 십대 여성들을 '피해 청소년'이 아닌 '대상 청소년'으로 규정하고 있어요. '대상 청소년'이란 청소년 성매매의 '대상'이 되었다는 뜻이에요. 피해자라고 하면 온전히 보호해야 하지만, 법은 이들을 온전한 피해자라고 보지 않기 때문에 이들에게 '보호라는 이름의 처벌'을 내리고 있답니다. 십대 여성들이 대부분 성매매를 강제하는 '포주' 없이 인터넷이나 핸드폰을 통해 성매매를 하잖아요. 강제가 없이 자발적으로 성매매를 하는 십대 여성들에게도 문제가 있다는 거예요. '강제'가 없으면 '자발'이라는 이분법으로 인해 성매매에 유입된 십대 여성들은 법의 보호를 받아야 하는 피해자로 인식되기보다 용돈이 필요해서, 호기심에, 성적 쾌락을 위해 등등 스스로 원해서 성매매를 한 '범죄자'로 인식되는 경향이 존재합니다(부정주, 2010). 따라서 '성매수 남성은 심한 처벌을 받는데 십대 여성들은 처벌받지 않는다'는 것은 완전히 잘못 알려진 것이랍니다. 게다가 성매수 남성이 받는 처벌은 굉장히 가벼워요. 2015년 4월에 남인순 새정치민주연합 의원이 경찰청의 성매매 사범 검거 자료를 분석한 결과에 따르면 청소년 성매매 사범은 2010년 1,345명에서 2014년 2,064명으로 700명 넘게 증가했어요. 2010년에는 이들 중 4.2%(56명)이 구속됐고, 2014년에는 구속 비율이 5.5%(113명)로 늘었답니다(한국일보, 2015.4.17.). 청소년 성매매를 해도 겨우 5.5%만이 구속되고 있는 것이죠. 우리 사회가 청소년 성매매를 얼마나 가벼운 범죄로 생각하고 있는지를 알 수 있어요.

그렇다면 외국에서는 청소년 성매매를 어떻게 생각할까요? 서구의 여러 국가들은 성매매에 유입된 십대 여성들을 온전히 피해자로 규정하고 있어요. 미국에서는 성매매에 연루된 십대 여성들을 상업적인 성적 의도에 의해 '피해 입은 청소년'으로 보고 있고, 영국에서도 청소년 성매매를 학대 및 성착취의 문제로 다루고 있답니다(정혜원, 2011). 캐나다에서도 아동·청소년 "성매매"라는 표현 대신 "아동 성착취"라는 표현을 법률에 사용함으로써 성매매 아동·청소년이 범죄 피해자라는 사실을 명확히 하고 있고요. 청소년 성매매에 대한 처벌도 굉장히 무겁습니다. 영국은 2003년부터 '그루밍법'을 제정해 청소년 성매매를 시도만 해도 10년 이하 징역형에 처하고 있어요. 또한 16세 미만의 아동·청소년과의 성행위 등에 최대한 10년 또는 14년의 구금에 처할 수 있고, 피해 아동·청소년의 연령이 18세 미만인 경우에는 최대 5년형의 구금에 처할 수 있고요(이유진 외, 2013).

이처럼 서구의 여러 국가들이 성매매에 유입된 십대 여성들을 피해자로 규정하고 성매수 남성들을 무겁게 처벌하는 것은 십대 여성들이 물질적 자원과 사회적 기회가 제한된 결과로 인해 성매매에 유입되었다고 보기 때문이에요(Phoenix, 2002). 강제가 없었다고 해서 곧 자발적 선택이 되는 것도 아니고요. 정말 자발적 선택이 되기 위해서는 신체적 안전, 성매수자와의 동등한 권력관계, 현실적 대안(팔리, 2014), 그리고 그만두고 싶을 때 그만둘 수 있는 자유가 있어야 합니다.

앞서 말했듯이 성매매에 유입되면 성적 착취, 모욕뿐 아니라 생명의 위험까지 경험하게 됩니다. 또한 성매매에 유입된 십대 여성들은 청소년기, 자존감, 건강, 교육의 기회를 박탈당하고 있어요(DoH/Home Office, 2000). 게다가 인간관계도 끊기고, 학교 교육도 받지 못하고, 기술도 없고, 사회적 낙인이 무섭고, 자신감과 자기애를 상실한 상태에서 어떻게 성매매가 아닌 다른 일을 할 수 있을지 두렵기만 합니다. 청소년 성매매는 인권, 행복권, 신체적·심리적 안전, 그리고 미래를 침해하는 행위인 것이에요. 그래서 우리 사회에서도 외국처럼 청소년 성매매라는 용어를 청소년 '성착취'로 바꾸려는 노력이 진행되고 있어요. 성매매, 또는 조건이라는 용어는 성매수 남성과 십대 여성이 서로 동등한 위치에서 상호 합의 하에 성을 매매하는 것처럼 들리니까요. 어때요? 청소년 성매매가 아니라 '청소년 성착취'라고 하니 그 본질이 더욱 잘 드러나지요?

지금까지 청소년 성매매에 대한 궁금증을 6문 6답을 통해 풀어 봤어요. 여러분들의 궁금증이 조금이나마 풀렸나 모르겠네요. 청소년 성매매가 워낙 복잡하고 어려운 문제라 아마도 많이 부족할 거예요. 청소년 성매매에 하나의 정답이 있는 것도 아니고요. 그래도 6문 6답이 여러분들이 청소년 성매매에 관심을 가지고 생각해 볼 수 있는 기회가 됐다면 그것만으로도 저에게는 큰 기쁨이에요. 청소년 여러분이 모두 안전하고 행복한 세상을 함께 만들어 가자고요.

참고자료

『길을 묻는 아이들』, 김고연주, 책세상, 2004
『미디어, 젠더 & 문화』 15, 「소녀 이미지의 볼거리화와 소비 방식의 구성」, 79~119, 김수아, 2010.
『젠더와 사회』, 「아이돌 공화국: 소녀 산업의 지구화와 소녀 육체의 상업화」, 김예란, 동녘, 2014.
『여성과 인권』 3, 「아동·청소년 성매매 사건의 수사과정과 성구매자 처벌의 현실」, 24~33, 부정주, 2010.
『가출 여자청소년 공간이용 및 폭력 피해 실태』, 서울시, 서울특별시, 2015
『아동·청소년 성보호 종합대책 연구 II: 아동·청소년성매매 예방 및 피해지원 대책연구』, 이유진·윤옥경·조윤오·이상희, 한국청소년정책연구원, 2013.
『아이돌』, 「한국 아이돌 그룹의 역사와 계보, 1996~2010년」, 차우진·최지선, 이매진, 2011.
『여성과 인권』 11, 「성매매와 자유주의 그리고 노예제」, 142~164, 팔리 멜리사, 2014.
DoH(Department of Health)/Home Office, 2000. Safeguarding Children Involved in Prostitution. London: HMSO.
"In the name of protection: youth prostitution policy reforms in England and Wales" Phoenix, Joanna. 2002. Critical Social Policy 22(2): 353~375.
〈한국일보〉. 2015.4.17. "스마트폰 앱 판치니⋯ 청소년 성매매 사범 2배 이상 늘었다".

김시천

숭실대 철학과 초빙교수. 철학박사.

동양철학을 인간의 생동하는 삶과 연결하여 해석하고, 지식 비평적인 관점에서 동양고전학을 세우는 일을 하고 있다. 호서대학교 초빙교수, 인제대학교 연구교수, 경희대학교 연구교수를 지냈다. 2014년부터 고전과 인문학의 다양한 주제를 다루는 인문학 전문 팟캐스트 〈학자들의 수다〉를 제작, 진행하고 있다. 경희대, 숭실대, 인천대 및 여러 곳에서 인문학 관련 강의를 진행하고 있다.

지은 책으로, 『철학에서 이야기로』, 『이기주의를 위한 변명』, 『기학의 모험 1, 2』(공저), 『번역된 철학 착종된 근대』(공저), 『찰스 다윈, 한국의 학자를 만나다』(공저), 『노자의 칼 장자의 방패』, 『무하유지향에서 들려오는 메아리』, 『논어 학자들의 수다, 사람을 읽다』, 『죽은 철학자의 살아 있는 위로』, 『미래 인문학』(기획 및 대담) 등이 있다.

05

도술(道術)을 찾아서

도술,《홍길동》에서《전우치》까지

혹 여러분 가운데 부모님 세대가 보았던 애니메이션《홍길동》을 아는 사람이 있는지 모르겠다. 아마도 '홍길동'을 기억하는 사람들에게 홍길동은 소설의 지은이가 허균(許筠)이라거나, 그가 활동한 단체의 이름이 '활빈당'이라는 등의 내용보다 홍길동이 부린 신기한 재주이지 않을까. 내게도 홍길동 하면 가장 먼저 떠오르는 것은, 그가 스승인 무학대사를 만나 배워서 부렸던 신기한 재주 즉 도술(道術)이다.

이렇게 '도술(道術)' 하면 사람들은 상식을 초월한 기이한 재주를 떠올리게 된다. 예컨대 몇 년 전에 개봉했던 영화《전우치》는 소설 홍길동의 원조 격인데, 영화 속에서 주인공 전우치는 벽을

비스듬히 타는 것은 물론 하늘을 날아다니면서 요괴들과 싸운다. 이렇게 보면 '도술'은 '도사(道士)'가 지닌 초인간적인 능력이나 기술을 의미하는 것처럼 보인다.

그런데 이런 도술을 영상화한 영화 속의 장면은 동아시아 지역 사람들에게는 매우 익숙한 것들이다. 아마도 이런 '도술'의 장면이 세계적으로 흥행하게 된 명장면은 영화《와호장룡》에서, 주인공이 대나무 가지 끝에서 흔들리는 대나무와 같이 몸이 흔들리며 무예를 겨루는 장면이었을 것이다. 주인공 리 무바이는 무당파의 고수로서 그 또한 도사(道士)이다. 따라서 그의 무술(武術)은 실제로는 '도술'인 셈이다.

이렇게 도술이란 말은 상용어로 쓰이고 있지는 않지만, 그 '도술'과 관련된 문화는 부분적으로 여전히 우리 주변에 살아 있는 셈이다. 하지만 우리가 알고 있는 신비한 재주나 초현실적인 능력이 '도술'의 본래 의미는 아니다. 또한 '도술'이란 말의 본래 뜻을 생각할 때, 우리는 그 도술이란 말의 의미에서 오늘날 우리가 '기술'이라 부르는 것을 새롭게 돌아보도록 하는 측면이 있다.

장자는 과학기술을 반대하였는가

'도술'의 의미를 따지기 전에 우리는 먼저 생각해 보아야 하는 문제가 있다. 그것은 우리가 상식적으로 알고 있는 『장자』(莊子)의 사상적 입장이다. 교과서적인 상식에 의하면 장자는 노자(老

子)와 더불어 인간의 인위 예컨대 과학기술과 같은 것을 반대하면서, 자연으로 돌아가자는 무위자연(無爲自然)의 사상을 주장하였다고 한다. 하지만 이런 해석은『장자』에 대한 면밀한 검토에서 온 생각이 아니라, 서양의 근대를 비판하면서 동아시아 학자들이 동서양의 자연관을 대비시키면서 비롯된 과장이다.

잘 알려져 있다시피『장자』에 나오는 유명한 이야기, 공자의 제자가 한 노인에게 두레박을 사용하여 물을 퍼 올리면 편리하지 않느냐고 하자 그 노인은 두레박 사용을 거부하면서, 그렇게 기구에 의존하면 '기심(機心)'을 불러일으킨다고 비판한다. 여기서 '기심'은 기계를 사용하여 편리를 추구하는 마음이라고 흔히 소개되지만 앞뒤의 맥락을 살펴보면 "최소 투자 최대 효과를 추구하는 기회주의적 심리"라고 보는 것이 더 정확하다.

그래서 최근 여러 연구자들은 노자나 장자가 기술을 거부하기는커녕, 그들이 현대에 다시 살아난다면 컴퓨터와 IT기술로 대표되는 최첨단 기기를 더 빨리 수용하고 매우 잘 사용하는 얼리어답터가 되었을 것이라고 주장하기도 한다. 왜냐하면 중국 고대 문헌 중에 기술에 능통한 사람들에 관한 이야기가 가장 많이 나오는 문헌이 바로『장자』이기 때문이다. 노자나 장자는 분명 기술을 반대하지 않았다는 것이다.

도술(道術)을 찾아서

스마트혁명과 도술

이러한 정황을 이해하기 위해 한 가지 예를 생각해 보자. 『노자』에는 이런 유명한 말이 있다. "학문을 하면 날마다 늘어나고, 도술을 하면 날마다 줄어든다."(『老子』 48장) 이 문장은 본래 공자나 순자(荀子)와 같은 유가 사상가들이 추구했던 '배움(學)'을 활동을 비판하면서 그 대신 '도(道)'를 추구할 것을 제안하는 말이다. 바로 이런 식으로 쓰이는 용례가 '도술'에 해당한다.

유가는 『시경』(詩經), 『서경』(書經)과 같은 수많은 문헌들을 생산하였고, 또 이에 대해 지속적으로 해석을 가하여 문헌의 양을 증가시켜 왔다. 처음 출현한 『논어』의 경우만 해도 역대 수많은 학자들이 계속적으로 주석을 가하여 그 문헌의 양이 엄청나게 방대하다.

이렇게 유가가 주장하는 '학'을 하다 보면 읽고 배워야 할 것이 점점 더 늘어 간다. 그런데 도가는 오히려 줄어드는 것을 추구하라고 요구한다. 나는 이것을 문헌의 폐기를 말하는 것이 아니라 정보를 집적하고 적합하게 활용하는 것을 더욱 강조한 의미로 받아들인다. 예컨대 『논어』는 주석이 증가하면서 서너 권의 책으로 늘어나고 이렇게 늘어난 책들은 '사고전서(四庫全書)'와 같이 방대한 문헌을 이룬다.

하지만 요즘 흔히 쓰이는 아이패드와 같은 스마트 기술을 활용한 기기와 장치들은 이를 엄청난 규모로 압축해 버린다. 내가 쓰는 아이패드에는 수백 권의 책과 거의 2천 여 개의 논문이 PDF 파일로 저장되어 있다. 즉 '사고전서'에 해당하는 방대한 문헌이 책 한 권 두께의 기기 안에 들어 있는 것은 물론 검색 기능을 통해 보다 간편하고 편리하게 자료를 이용할 수 있다.

나는 『노자』가 제안하는 '도술을 한다'는 말의 의미는 이러한 상황에 적절하게 적용될 수 있다고 생각한다. 즉 최근에 일어난 스마트혁명은 일종의 '도술'에 해당한다고 볼 수 있다. 나는 이러한 해석이 『노자』나 『장자』가 제안하는 '도술'의 의미에 더 부합하는 것이라 생각한다. 현대 사회의 정보를 집적하고 활용하는 능력은 신비할 정도로, 말하자면 '도술 부린 듯한' 경지에 이르러 있는 것이다. 하지만 '도술'은 '기술'과는 다르다.

도술의 언어적 기원

'도술'과 기술의 차이를 이해하려면 우리는 그 기원으로 거슬러 올라가 보아야 한다. '도술'이란 말이 분명한 의미를 갖고 처음 쓰인 책은, 고대 중국의 제자백가 가운데 하나인 『장자』라는 책이다. 이 책은 전체 33개의 편으로 이루어져 있는데, 그 마지막 편인 「천하」(天下)에서 '도술'이란 말을 처음으로 언급하고 있다: "천하에서 도술을 추구하는 사람은 많다. 그런데 모두가 자기가 닦고 있는 도술이 더 보탤 것이 없는 최고라고 생각한다. 그러니 옛날의 이른바 도술(道術)이라고 하는 것은 과연 어디에 있는가.

말하자면 있지 않은 곳이 없다."

『장자』는 자신 이전의 수많은 사상가, 예컨대 고대 중국의 가장 중요한 학파 가운데 하나로 '보편적 사랑(兼愛)'을 주장하며 전쟁에 반대했던 묵가(墨家)와 같은 여러 사상을 열거하며 이들이 추구한 것은 도술이 아니라 '방술(方術)'이라고 규정한다. 다시 말하면, 묵가에 속하는 사람들은 자신들이 지닌 학문과 기술을 '도술'이라 주장하지만 그것은 한 분야에만 능통한 '방술'이지 '도술'이 아니라고 한다. 앞의 인용문은 그러한 상황을 전개하면서 시작하는 말이다.

이렇게 보면 '방술'은 오늘날 '특수한 분야의 전문 기술'에 해당하는 의미라면, '도술'은 '전체를 포괄하는 기술'이라는 뜻으로 대비된다. 도술과 방술 모두 '술(術)'이란 한자가 들어 있듯이, 두 가지 말은 모두 기술이란 의미를 함축하고 있다. 오늘날 우리가 사용하는 기술이란 말은 실제로는 서양의 언어 '테크놀로지 technology'나 '테크닉technique'의 의미로써, 자연물을 인간에게 유용하게 가공하는 수단이나 능력, 혹은 사물을 잘 다루는 방법이나 능력을 의미한다.

예컨대 오늘날 우리가 '과학기술(scientific technology)'이라고 할 때, 그것은 과학 이론을 실제로 적용하여 자연물을 인간의 목적에 유용하게 이용할 수 있는 방법이나 수단을 의미한다. 이런 의미에 가까운 용어가 고대 한자어로 말하면 '방기(方技)'에 해당한다. '방기'란 말은 오늘날 과학 이론과 그것을 실제에 적용하는 것들을 다룬 문헌을 의미하는 분류어였다.

즉 도술과 방술은 명백히 기술적 차원을 뜻하기는 하지만 포괄성과 전문성을 구분하는 의미가 강하지 서양의 '테크놀로지-도술', '테크닉-방술'과 같은 방식으로 구분되지는 않는다. 오히려 우리는 다른 차원에서 그 의미를 추적해야 한다. 그런 의미에서 도술과 기술은 차원이 다르다. 그리고 바로 그 차이가 오히려 오늘날 우리가 기대고 사는 과학기술 문명을 다시 생각해 보게 하는 의의를 갖고 있다는 게 내 생각이다.

도술이란 무엇인가

그렇다면 '도술'이란 무슨 뜻인가? 우리가 '도술'의 의미를 충분히 이해할 수 있기 위해서는 『장자』에 서술된 의미를 곱씹어 보아야 한다. 왜냐하면 『장자』는 '도술'이란 말을 처음으로 사용하고 있기는 하지만, 오늘날 우리가 쓰는 언어와는 역사적, 문화적으로 큰 차이가 있기 때문이다. 이를 위해 다음의 사례는 주목해 볼 만하다.

북궁사(北宮奢)가 위(衛)나라 영공(靈公)을 위해 백성에게 특별히 세금을 걷어 그것으로 종을 만들었다. [이 종을 주조하기 위해] 성곽문 밖에 토단을 축조한 지 불과 삼 개월 만에 위아래 두 단에 종을 걸어 놓자 [이때 마침 위나라에 망명해 있던] 오(吳)나라의 왕자 경기(慶忌)가 그

것을 보고 물었다. "도대체 그대는 어떤 기술[術]을 썼습니까?"

이 이야기는 위(魏) 북궁사라는 사람이 위나라 제후를 위해 종을 만든 상황을 설명하고 있다. 그런데 이 종을 만드는 데에는 구리와 철을 녹이고 주조하는 기술적 측면에만 관련되지 않고, 이에 드는 비용을 충당하기 위해 세금을 거두고 사람을 동원하는 등 인적 물적 자원 전체를 운용하는 것과 관련된다. 달리 말하면 오늘날 기업의 '경영'이라 할 때의 의미에 가깝다. 이러한 상황 전체에 대해 오나라 왕자 경기는 '술'이란 표현을 쓰는데 이것이 바로 '도술'이다.

우리가 파악하고자 하는 '도술'의 의미는 북궁사가 이에 대해 답한 말에서 조금 더 분명하게 드러난다.

북궁사가 대답했다. "저는 마음을 순일하게 하였을 뿐 감히 다른 기술을 쓰지 않았습니다. … 가는 사람을 보내고 오는 사람은 막지 않았고, 가는 사람은 붙잡지 않고 사나운 백성들은 사나운 채로 맡겨 두었습니다. 또 잘 구부리고 따르는 사람은 따르는 대로 내맡겨 두어 그들 스스로 하도록 내버려 두었습니다. 그 때문에 아침저녁으로 세금을 거두어도 털끝만큼도 백성들을 해치는 일이 없었습니다. 하물며 대도를 체득한 사람이라면 어떻겠습니까?"

북궁사는 경기의 질문에 대해 종을 주조하는 야금, 제련, 주조와 같은 물리적 기술은 언급하지 않는다. 오히려 그의 대답의 초점은, 종을 주조하는 사람들은 물론 세금을 내는 사람들까지 포함한 관련자 모두에게 불만이나 갈등이 없는 상태에서 일을 진행하는 기술의 의미까지 포함한다. 도술은 말하자면 목적을 성취하기 위해 요구되는 모든 사항들을 포괄적으로 통제할 수 있는 기술을 의미한다. 어느 하나의 측면만을 통제할 수 있는 능력이나 방법은 『장자』에 따르면 방술에 해당한다.

도술과 기술의 차이

우리는 이쯤에서 도술과 기술을 비교할 만한 단계에 이르렀다. 기술은 테크닉이든 테크놀로지이든, 그것은 특정한 것을 이용하고 활용하는 능력이나 방법을 구현한 것이다. 하지만 도술과 방술의 구분에서 보았듯이 도술은 그 포괄성의 차원에서 의미를 갖는다. 이를 구체적인 예를 통해 생각해 보자.

20세기에 인류가 개발한 뛰어난 기술 가운데 하나가 원자력 에너지를 이용하는 기술이다. 그런데 이 원자력 에너지는 초창기 인류를 절멸에까지 이르게 할 파괴력을 지닌 원자탄으로 이용됨으로써 여전히 위험한 기술로 생각된다. 최근 일본의 후쿠시마 원전 사태는 아직도 해결의 기미가 보이지 않으며, 우리나라의 경우도 원전 비리 문제로 사회적 이슈가 되고 있다.

바로 이런 상황에서 도술과 기술은 의미를 달리한다. 우리는

도술(道術)을 찾아서

원자력을 인류의 필요에 맞게 이용할 수 있는 기술적 수준은 어느 정도 성취한 것이라 말할 수 있다. 하지만 원자력 이용과 관계된 모든 인적, 물적 차원을 포괄적으로 통제할 능력은 갖추지 못하였다고 볼 수 있다. 이를 달리 표현하면 원자력은 기술적 성취는 이루었으나 도술의 차원에서 보면 미흡한 수준에 도달해 있는 것이다. 즉 우리는 원자력 기술이 아니라 원자력 도술을 추구해야 하는 것이다.

그렇다면 이런 식으로 '도술'의 의미를 해석하는 것은 어떤 근거에서 정당화될 수 있는가? 장자의 사상을 들여다보면, 무엇을 도술이라 부를 수 있는가에 대해 판단할 수 있는 나름의 시각을 제공하고 있다. 공자의 제자가 두레박 사용을 권한 것을 거절한 노인의 행동은, 바로 기술을 거부한 것이 아니라 수준 낮은 기술의 차원에서 생각하지 말 것을 주장한 것이다.

도술의 두 차원: 양생(養生)과 달생(達生)

장자가 생각하는 도술의 의미를 이해하는 데에 적절한 개념이, 『장자』에서 찾을 수 있는 '양생(養生, the Nourishing-Life)'과 '달생(達生, the Mastering-Life)'이다. 이 두 개념은 인간 삶의 전 차원과 관련되면서 특정한 분야와 영역에도 쓰이는 독특한 개념들이다. 말하자면 양생과 달생으로 해석되는 도술은 '인류 공동체의 삶의 기술(the technology for human life)'이다.

'양생'이란 '기른다'는 뜻의 '養'과 생명과 삶이란 뜻으로 이루어져 있다. 오늘날 양생은 건강을 돌보는 행위와 노력이란 의미로 쓰이지만 고대 중국에서 '양생'은 오히려 생명의 보전이라는 의미에 더 가까웠다. 달리 말하면 양생이란 인간의 정신적·신체적 생명을 보전하는 것은 물론 정치와 사회적 관계에서의 생명을 보전하는 것 전체를 의미한다.

즉 질병이나 고통이 없이 건강한 신체를 가지고 살아가는 것은 물론 사회적 삶을 위해 요구되는 생존의 조건을 확보하는 것을 포함하는 의미이다. 만약 누군가가 자신의 생계를 꾸려 나갈 일자리를 결핍하고 있다면 이것은 제대로 된 의미의 '양생'이 아닌 것이다. 양생은 사회적 삶의 문제까지 포괄하는 의미를 갖고 있다.

더 나아가 '달생'이란 말은, 요즘 유행하는 '달인(達人)'이란 말의 쓰임새에서 보듯이 특정한 기술에 통달하여 자유자재로 활용할 수 있는 수준에까지 이른 상태를 말한다. 바로 이러한 경지를 삶 전체에 대해 추구하려는 노력이 달생이다. 이렇게 보면 달생이란 삶의 향유와 다를 바 없어 보인다. 부와 권력을 가지고 있다 해도 스스로의 삶을 누리고 즐기지 못한다면 그것은 달생의 경지가 아닌 것이다.

예컨대 우리는 원자력을 활용하는 방법과 수단을 확보한 것은 틀림없다. 분명 원자력 기술은 어느 정도 성취한 것이다. 하지만 인류 전체의 삶에서 볼 때 스스로의 생명을 지키고 유지하는 데에 필요한 모든 통제 수단을 확보한 것으로 보이지 않는다. 이런 상황에서 원자력 기술을 통해 삶을 향유한다는 것은 요원해 보인 다. 즉 기술에서 보면 원자력은 이용한 단계이지만, 도술에서 보면 양생과 달생이라는 두 기준에 한참 못 미치는 것이다.

기술과 도술 그리고 의술

나는 이렇게 양생과 달생의 조건을 충족시키는 포괄적 기술로서 '도술(道術, the Tao-Techniques)'을 이해하고자 한다. 『장자』(莊子) 「천하」(天下)는 그래서 이 '도술'을 다른 말로 '내성외왕지도(內聖外王之道)'라고 표현한다.

이 때문에 내면으로는 성인이면서 밖으로는 제왕이 되는 내성외왕(內聖外王)의 도가 어두워서 밝게 드러나지 못하며, 막혀서 나타나지 못하여 천하의 모든 사람들이 각각 자기가 하고 싶은 대로 해서 그것을 스스로 방술(方術)이라고 여기니 슬프다. 제자백가들은 각자 앞으로 나아가기만 할 뿐 (도의 근본으로) 돌아오지 않아서, 절대 도와 만나지 못할 것이다. 후세의 학자들은 불행히도 천지의 순수함과 고인의 대체를 보지 못할 것이니 도술(道術)이 천하 사람들 때문에 바야흐로 찢겨질 것이다.

「천하」편은 우리에게 중요한 몇 가지를 시사하고 있다. 여기서

'도술'은 제자백가, 예컨대 유가의 인의예악(仁義禮樂), 법가의 법(法)과 상벌(賞罰) 등의 방술과 대비된다. 방술은 부정의 대상이 아니라 포괄성의 차원에서 도술에 못 미치는 것이다. 유가가 정치와 윤리에서 도덕성과 상호규약을 강조하는 것은 삶의 차원에서 커다란 의미를 갖는다. 마찬가지로 국가의 운영에서 법가의 법에 의한 통치와 상벌의 운용은 고대 국가 체제에서 중요한 역할을 지닌다. 그러나 이러한 것들을 총체적으로 운용하여 삶의 파편화를 막는 진정한 것은, 이러한 것들을 모두 포괄하는 기술로서 '도술'을 요구한다.

나는 이러한 도술의 개념을 조셉 애거시가 『현대문명의 위기와 기술철학』에서 말하는 '기술 통제 수단으로서의 기술'이라는 개념과 유사한 것이라 생각한다.: "사실 우리는 지금보다 더 많은 기술을 필요로 한다. 그러므로 우리가 절박하게 필요로 하는 것은 기술이 초래할지도 모르는 환경 오염, 인구 폭발, 원자핵에 이르기까지 '기술을 통제하기 위해서 통제 수단(이것도 하나의 기술임)'을 창안하고, 개발하고, 실행에 옮기는 것이다."

나는 조셉 애거시가 말하는 통제 수단의 대상을 기술에 대한 통제 기술이라는 차원에서 넓혀, 삶의 다양한 측면과 관련되는 기술적 차원들 즉 방술(方術)에 대한 포괄적 통제 기술이란 의미에서 '도술'을 이해하고자 한다. 이러한 의미의 도술은 유가의 방술을 부정하지 않는다. 왜냐하면 도덕성을 강조하고 윤리 규범을 지키는 것은 삶의 유지에 필요한 부분으로 부정이나 대립의 대상이 아닌 포용되어야 하는 것이다.

그리고 여기에 한 가지 더 보탠다면, 기술의 근원적 의미에는 동서양이 공히 삶의 치유와 관련되는 의미가 깃들어 있다는 점이다. 생명의 보전을 뜻하는 양생(養生)이나 삶의 향유를 의미하는 달생(達生)이 도술을 의미하는 것이라면, 서양의 히포크라테스로부터 연원하는 '테크네(techne)' 또한 의술로서의 기예가 그 일차적 의미이다. 이는 인간의 기술이 결국 문명의 발달이나 진보보다 일차적으로 인간의 생명과 삶을 유지하고 치유하는 것을 목적으로 한다는 점을 보여 준다. 의술은 바로 이런 점에서 최고의 도술이라 할 수 있다. 삶을 보전하고 치유하는 것은 단순한 학문적 차원인 '의학(醫學)'에 멈추는 것이 아니라 개개인의 인간의 신체를 보듬어 주는 '의술(醫術)'을 통해 실현된다. 그런 의미에서 의술은 최고의 도술 가운데 하나이다.

지금까지 우리 학계와 사회에서는 마치 동양 사상이 과학기술을 반대하는 것처럼 해석해 왔다. 하지만 나는 전통 동양 사상 또한 근대 과학기술을 근본적으로 부정하지 않을 것이라고 본다. 우리는 분명 현재의 삶을 위해 과학기술의 성취를 부정할 수 없다. 하지만 과학기술을 부정할 수 없다면, 우리는 그 하나의 대안으로 기술의 개념 자체를 새롭게 생각하는 것 또한 분명 필요해 보이는 일이다. 나는 지금까지 서술한 '도술'의 의미가 오늘날의 우리가 새롭게 고민해야 하는 '새로운 기술'의 의미가 아닐까 생각한다. 기술이 아닌 도술로서 사유하는 것의 출발은 "의술"이라

는 영역에서 찾아지며, 의술은 도술이자 최고의 예술이라 할 수
있다.

정영목

서울대 영문학과를 졸업하고 동대학원을 졸업했다. 현재 이화여대 통역
번역대학원 교수로 재직하고 있으며 번역가로 활동하고 있다. 옮긴 책
으로는 『바다』, 『제5도살장』, 『눈먼 자들의 도시』, 『축의 시대』, 『프로이
트』, 『왜 나는 너를 사랑하는가』, 『에브리맨』, 『로드』, 『책도둑』 등이 있다.
제3회 유영번역상과 53회 한국출판문화상(번역부문)을 수상했다.

06

번역의 자리

차를 타고 이탈리아 북부를 달리다 알프스가 다가오면 도로 표지판에 이탈리아어와 함께 독일어가 나타나기 시작한다. 조금 더 깊이 들어가면 이탈리아어는 사라지고 아예 독일어로만 적힌 간판들이 보이기도 한다. 물론 아직 이탈리아 땅이다. 원래 이 지역은 오스트리아 땅이었지만 제1차 세계대전 때 오스트리아와 이탈리아 사이의 격전장이 되었는데, 전쟁이 끝나면서 결국 이탈리아로 합쳐지게 되었다. 사실 오스트리아와 이탈리아는 19세기 후반에만도 세 번이나 전쟁을 한 만큼 서로 쌓인 원한이 많았다. 원래 오스트리아 영향권 안에 있던 베네치아가 이탈리아로 넘어온 것도 이 무렵이다. 물론 이탈리아로 돌아온 지 약 150년이 지난 베네치아에서 독일어 간판을 볼 수는 없으나, 합쳐진 지 100년이 지난 알프스 지방에서는 독일어 간판을 볼 수 있다. 영토상으로는 이탈리아이니 학교에서는 이탈리아어를 가르치겠지만, 집에서는 독일어를 쓰는 경우도 많을 것이다.

조건이 많이 다르기는 하지만, 얼핏 일제 강점기의 우리나라의 처지와 비슷해 보이기도 한다. 일제는 1930년대 중반부터 1945년에 해방이 될 때까지 이른바 황국신민화 정책에 따라 한글 교육을 폐지하고 일본어 상용을 강요했다. 학교를 비롯하여 관공서에서 일본어만 사용하게 한 것이다. 심지어 창씨개명이라 하여 이름도 일본식으로 바꾸게 했다. 그때 우리나라에도 학교나 관공서에서는 일본어를 사용하고, 집에서는 우리말을 사용하는 사람들이 많았을 것이다. 이런 정책이 10년 정도 실시되면서 우리나라 사람 가운데 일본어 해득자 비율이 12.4퍼센트를 조금 넘던 수준에서 22.2퍼센트를 넘는 수준까지 대폭 늘었다고 한다. 이런 정책이 더 길게 이어졌다면 어떻게 되었을까?

상상하는 것만으로도 괴로운 일이기는 하지만, 그런 식으로 몇 세대가 지났을 경우 우리말은 거의 찾아볼 수 없게 되었을까? 아니면 계속 끈질기게 살아남았을까? 역사에서 가정은 우스운 일이라지만, 어쨌든 방금 이야기한 이탈리아 북부가 우리가 참조할 만한 하나의 예가 될 듯하다. 10년의 열 배인 100년이 흘렀지만, 국경을 다시 긋고 이탈리아어를 상용어로 삼는다고 해서 독일어가 사라지지는 않았다. 물론 이것은 참조 사항이지 어떤 증거가 될 수는 없다. 세상에는 마치 멸종하는 희귀동물처럼 사라지는 언어가 얼마나 많은가. 북미 대륙을 보면 인디언의 말은 이제 지

/ 정영목

명에만 남아 있다고 보아도 무리가 아닐 것이다. 따라서 이탈리아 북부의 경우도 독일어가 작은 부족의 언어였다면 사정이 달랐을지 모른다. 말을 바꾸면, 이 지역에 독일어가 살아남은 것은 독일어가 경제적, 문화적, 인구통계학적으로 가지는 힘이 있었기에 가능한 일이기도 했다. 또 이곳이 여전히 독일어권과 맞닿아 있는 접경지대라는 점도 중요한 이유가 되었을 것이다.

실용적인 외국어

어쨌든 현재 이탈리아 북부 알프스 지역에는 독일어와 이탈리아어가 공존할 뿐 아니라, 많은 사람들이 독일어와 이탈리아어를 둘 다 구사한다. 이렇게 독일어가 일상적으로 통용되는 데다 풍광까지 수려하니 독일어권 사람들이 많이 찾아오고, 이것은 또 반대로 관광을 주요 산업으로 삼는 이 지역 사람들이 일상적으로 독일어를 늘 사용하게 되는 조건을 강화해 왔을 것이다. 게다가 지금은 오스트리아와 이탈리아 모두 유럽 연합에 들어가 있어 화폐마저 유로를 함께 사용하기 때문에, 이 지역 사람들로서는 구태여 자신의 국적이나 모어를 의식하지 않고 편한 대로 독일과 이탈리아, 독일어와 이탈리아어 양쪽에서 얻을 것을 얻으며 살려고 할 것이다. 또 이렇게 살려고 하는 태도가 두 언어가 섞이기에 더욱 좋은 조건이 되어 줄 것이다.

아마 외국어를 자연스럽게 익히는 데에는 이런 곳이 최적의 환경일 것이다. 실제로 이곳의 호텔 프런트에 가 보면 독일어와 이탈리아어에 영어까지 막힘없이 구사하는 직원을 보게 되는 경우가 많다. 태어난 환경 덕분에 굳이 오랜 기간 열심히 공부를 하지 않아도 두 나라, 세 나라 말을 할 수 있는 듯하다. 어느 호텔에서는 백발이 성성한 노인이 프런트를 맡고 있었는데, 이 노인은 어색한 억양이 느껴지지 않을 정도로 영어 발음이 깔끔하여 혹시 영국인이 아닌가 하는 생각이 들 정도였다. 나중에 알고 보니 물론 이탈리아인이었다. 그런데 한 번은 근처에 있다가 우연히 이 노인이 어떤 여자 손님과 프랑스어로 유창하게 이야기하는 것을 듣게 되었다. 입실 수속 등의 일처리와 관련된 대화가 아닌 듯했으니, 노인은 프랑스어도 꽤 할 줄 아는 셈이었다. 다음에 노인을 볼 기회가 생겼을 때 놀랍다고 감탄하자, 노인은 자신이 다섯 나라 말을 할 줄 안다고 대꾸했다. 그래서 더 놀라는 표정을 지었더니, 이런 호텔 일을 하려면 그 정도는 필요하다며 대수롭지 않게 받아넘겼다.

그 노인이 집에 가서 다섯 개 나라 말로 심오한 철학 책이나 난해한 문학 책을 읽는 취미가 있는지는 알 수 없지만, 어쨌든 이 노인은 실용적인 목적으로 외국어를 익히고 사용하는 전형적인 예를 보여 준 느낌이었다. 물론 이 노인은 언어에 재주가 있고 나름대로 노력도 했겠지만, 앞서도 이야기한 접경지대라는 특수한 환경과 늘 여러 외국 사람을 대하는 호텔이라는 일터 덕분에 그의 외국어는 일상생활 속에서 녹슬지 않고 유지되었을 것이다. 게다

번역의 자리

가 이 노인은, 물론 겸손함도 있었겠지만, 외국어를 바라보는 지극히 실용적인 태도까지 보여 주었다. 다섯 개 나라 말을 구사하는 사람이라면 훨씬 높은 자리에서 훨씬 중요한 일을 해야지 호텔 직원으로 있기에는 아깝다, 는 생각이 아마 내 머릿속 어딘가에는 자리 잡고 있었을 것이고, 그래서 이 노인을 보고 그렇게 놀랐던 것인지도 모른다. 그러나 그 노인에게 다섯 나라 말이란 그저 호텔 일을 원활하게 하는 데 필요한 수단이었을 뿐이고, 아마 이런 생각에서 자신의 언어 능력을 대수롭지 않게 여기는 대꾸가 나왔을 것이다.

우리의 외국어 공부

유럽의 접경지대에서 이루어지는 외국어의 이런 실용적 학습은 우리의 경우와 비교가 된다. 일단 우리는 접경지대라고 할 만한 곳이 없다. 우리가 사는 곳은 반도라고는 하나 북한과 대립 상태가 계속되고 있기 때문에 실제로는 섬과 마찬가지다. 우리가 통일이 된다면 중국과 접경한 지대는 중국어를 생활 속에서 배울 수 있는 좋은 환경이 될 것이다. 접경지대에서 배운 외국어의 예라고 하기는 힘들지만, 중국 조선족의 경우 중국어와 우리말 두 가지를 구사하는 사람이 많은 것을 보면 그것을 알 수 있다.

이탈리아 북부와 또 한 가지 다른 점은, 앞으로는 어떻게 될지 모르겠으나, 현재 우리에게 외국어라고 하면 무엇보다도 영어가

/ 정영목

우선시 된다는 점이다. 이것은 여러 가지 문제를 낳는다. 첫째는 외국어 가운데도 서양어를 배우는 것은 아무래도 만만치 않다는 것이다. 가령 일본 드라마를 열심히 보다 자연스럽게 일본어를 익혔다는 사람은 본 적이 있지만, 영어 드라마를 열심히 보다 자연스럽게 영어를 익혔다는 사람은 보기 힘들다. 즉 위에 예로 든 이탈리아 노인처럼 자기 언어에서 비슷한 언어로 확장해 나가면서 언어를 늘려 나가는 경우에 비하면 우리는 불리할 수밖에 없다는 것이다.

둘째는 실용적인 외국어를 자연스럽게 배우고자 할 경우 접경 지대 같은 생활환경이 주어지지 않는다면, 그 언어를 사용하며 생활할 수 있는 곳으로 가야 하는데 그럴 경우 그 비용이 엄청나게 든다는 것이다. 이렇게 되니 보통 사람들은 그런 비용을 댈 수 없고, 또 여력이 있어 그런 외국어를 배우는 데 많은 돈을 투자한 사람들은 그렇게 배운 언어를 특권의 상징으로 삼고 싶을 수밖에 없을 것이다. 이렇게 되면 영어라는 외국어를 배우는 것은 어떤 일을 하기 위한 실용적인 수단이 아니라, 어떤 지위를 구축하기 위한 수단이 되어 버린다. 그래서 다섯 나라 말을 구사하며 호텔 프런트에서 일하는 소박한 노인은 찾아보기 힘든 것이다.

여기서 파생하는 또 하나의 문제는 외국어가 실용적 수단의 지위에서 벗어나게 되면서, 가령 어떤 일에 써먹기 위해 통계학 공부를 한다든가 하는 것과는 완전히 다른 맥락에서 외국어를 바라보게 되어, 실제로 그다지 필요하지 않은 사람들까지, 심지어 온 국민이 외국어 공부에 매달리게 된다는 것이다. 결국 실생활에서 필요하지도 않은 외국어를 습득하느라 사회적으로 엄청난 비용을 들이게 된다.

실용적이지 않은 외국어 공부

그렇다면 온 국민이 외국어를 거의 의무적으로 10년 이상 배우는 일은 그만두어야 할까? 아니, 그것은 계속해야 한다. 온 국민이 거의 의무적으로 10년 이상 국어를 배우고, 수학을 배울 필요가 있듯이, 외국어도 그렇게 배울 필요가 있다. 다만 그 목표는 실용적인 것이 아니다. 흔히 영어를 10년이나 배우고 외국인과 대화도 제대로 못한다면서 영어 교육 방식이 잘못되었다고 비난을 많이 하는데, 그런 비난은 수학을 10년이나 배우고도 물건값 계산조차 제대로 못한다는 비난과 비슷하다. 수학을 10년이나 배우고 물건값 계산을 제대로 못하는 것이 물론 자랑할 만한 일은 절대 아니지만, 그렇다고 수학을 10년이나 배우는 것이 물건값 계산을 잘하기 위한 것은 또 아니다.

그럼 말은 제대로 못하더라도 외국 문헌은 잘 읽어 내기 위해, 그 도구로서 외국어를 배우는 것일까? 아니다. 이 또한 실용적인 목표라는 점에서 말을 배우는 것과 크게 다를 것이 없다. 그리고 애초에 글을 읽기 위한 도구로써 언어를 배운다는 말 자체가 받아들이기 힘들다. 언어라는 도구와 언어로 이루어진 글이 그렇게 기계적으로 나눌 수 있는 것이 아니기 때문이다. 국어 공부를 보면 그것을 알 수 있다. 우리는 날 때부터 우리말을 하고 또 한글이라는 문자도 꽤 빨리 익히지만, 그럼에도 오랜 기간 국어 공부를 한다. 한글로 된 글을 읽어 나가는 것 자체가 한국어를 깊이 배우는 과정이기도 하다. 도구와 목적이 구분이 되지 않는 것이다. 외국어 또한 마찬가지다. 그래서 대학에서 영문학을 전공하는 것을 영어로는 read English라고 단순하게 표현하기도 한다.

따라서 외국어를 배우는 것이 곧 무언가를 하기 위한 도구를 얻는 것이라는 실용적인 생각에서 벗어날 필요가 있다. 외국어 공부도 얼마든지 그 자체가 목표인 공부가 될 수 있다. 사실 중고등학교, 나아가 대학에서 배우는 것이 모두 실용적인 목표를 갖고 있는 것은 아니다. 아니, 오히려 거꾸로 실용적인 성격을 벗겨 내자는 것이 목표다. 적어도 "인문"계 고등학교나 "인문" 대학 등은 그렇다. 이곳에서는 공부 자체가 목적인 공부가 중심을 이룬다. 실용적인 목표에 집중하자면 문과생들이 사회에 나가서 직접 적용할 일이 많지 않은 수학을 그렇게 오랜 기간 배울 필요가 없을 것이다. 또 그렇게 오랜 기간 국어를 배울 필요가 없을 것이다. 외국어도 마찬가지다. 사회에 나가 외국어를 일상적으로 사용할 일이 없는 사람들도 모두 외국어를 배운다. 이 모두가 실용적인 이유 때문이 아니다. 인문 교육이 본래 그런 것이기 때문이다.

우리의 인문계 학교들의 교육 목표는 고대 그리스 로마에까지 거슬러 올라가는 인문 교육의 전통에 뿌리를 두고 있다. 이 인문 교육의 전통은 흔히 교양 과목으로 번역되기도 하는 자유 학문(liberal arts)의 교육과 이어지는데, 여기서 자유라는 말이 붙은 것은 이것이 직업인이 기능을 익히는 훈련이 아닌 자유 시민의 소양에 필요한 교육이었기 때문이다. 교양 교육, 전인 교육 등과도 통하는 이런 교육 방식은 현대적으로 보자면 자유 시민에게 필요한 인문 교육인 셈이다. 여기에서 핵심은 기능을 익히는 것이 아니라, 즉 어떤 실용적 지식을 획득하는 것이 아니라, 공부 자체가 목적인 공부다. 굳이 사족을 붙이자면 인간됨의 의미를 묻고 답을 찾으려고 노력함으로써 인간이 되고자 하는 공부인 셈이다.

우리나라도 이런 교육 이념을 받아들였기 때문에 10여 년의 세월 동안 일상생활에 쓸모도 없을 것 같은 국어와 수학을 공부하고, 또 외국어를 공부하는 것이다. 물론 이런 이념은 서구에서 특히 20세기를 맞이하면서 과학기술의 발전으로 인해 공격을 당하기도 했지만 아직 그 틀은 유지되고 있고, 이는 우리나라도 마찬가지다. 오히려 최근 들어 그 의미가 더욱 부각되는 느낌도 있다. 이 틀 내에서 이루어지는 외국어 공부는 교양 교육의 내용을 꼽을 때 제일 먼저 들어가는 언어 교육에 속하는 것으로, 어떤 실용적인 목표를 달성하려는 것이 아니라 국어나 수학과 마찬가지로 공부 자체를 위한 공부이며, 굳이 목표를 제시하자면 인간을 배우고 인간이 되기 위한 공부일 뿐이다. 이런 인문학의 대상으로써의 외국어와 실용적인 도구로써의 외국어를 기본적인 수준에서 구분하여 생각하지 않는다면 지금과 마찬가지로 양쪽 다 제대로 못 챙기기 십상일 것이다.

번역의 자리

번역은 외국어를 다루는 만큼 번역의 처지도 외국어의 처지와
크게 다르지 않다. 외국어가 실용적인 도구로만 인식되는 상황에
서는 번역 또한 실용적 도구 이상의 대접을 받기 힘들다. 아니, 이
실용적인 도구를 우리말로 옮겨 주는 도구이기 때문에 도구의 도
구가 되어 외국어 자체보다 훨씬 못한 처지에 놓이게 될 수도 있
다. 외국어 공부가 그 자체가 목적일 수 있는 인문학적 공부라고
인식하는 사람이라 해도, 번역은 거기에 부수되는 보조 수단 정
도로 인식할 수도 있다. 실제로 많은 사람들이 외국어 공부를 하
면서 번역을 처음 시도해 보게 되고, 그 목적은 대개 외국어에 대
한 이해력을 높이는 것이다.

개인적인 공부가 아니라 사회적으로 통용되는 번역도 대개 실
용적인 도구의 자리에서 벗어나지 못한다. 기본적으로 번역은 외
국어에 능숙하지 못한 사람이 외국어 텍스트에 접근하게 해 주
는, 그것도 간접적으로 접근하게 해 주는 다리로 인식된다. 그래
서 번역자에게도 당신이 아니었으면 읽지 못했을 훌륭한 글을 당
신 덕분에 간접적으로라도 접하게 되었다고 감사하곤 한다. 반대
로 번역자는 외국어에 능숙하지 못한 사람에게 외국의 훌륭한 글
을 전달하는 데에서 자부심을 느끼기도 한다. 그러나 이렇게 감

사를 하고 자부심을 느껴도 도구라는 번역의 자리는 기본적으로 달라지지 않는다.

사실 번역의 지위는 최근 들어 꽤 향상되어 왔다고도 말할 수 있고, 여러 곳에서 번역의 중요성을 강조하는 이야기도 들린다. 그러나 대개는 원래 외국어로 적힌 글의 내용을 정확하게 전달하는 것이 중요하며, 그런 면에서 번역이 자신의 도구적 역할을 잘 수행해야 한다는 뜻으로 하는 말이다. 또 인문학의 중요성이 거론되면서 번역도 덩달아 거론되는 일이 잦은데, 이것도 번역이 인문학의 중요한 한 부분으로 인식되기 때문은 아닌 듯하다. 대개는 인문학의 번역이 중요하다는 수준에서 이야기가 끝나는데, 인문학 텍스트를 번역하는 일이 중요하기는 하지만, 인문학 텍스트를 번역한다고 해서 번역이 곧 인문학이 되는 것은 아니다.

이런 모든 인식이 그릇되었다거나 하찮다는 말은 아니다. 단지 번역에서 인문학의 중요하고 쓸모 있는 도구를 넘어 그 자체의 인문적 성격─그런 것이 있다면─을 찾아내고 드러내는 일이 중요하고, 그것이 번역의 자리를 제대로 찾아 주는 방법임을 강조하는 것이다. 이런 면에서 번역은 일단 두 언어를 전제로 하고 들어가는 만큼, 일차적으로는 언어가 인문학의 왕좌로 복권되지 않는 한 번역도 인문학적 의미를 부여받기 힘들다고 말할 수 있다. 지금처럼 외국어가 실용적인 도구로만 인식되어 인문 교육에서 과거에 차지하던 자리에서 밀려나는 상황에서는 번역 또한 자기 자리를 찾기가 힘들다. 사실 인간의 일상생활의 핵심을 이룬다는 면에서 언어만큼 실용적인 도구도 없을 것이다. 그러나 언어는 인간의 도구인 동시에 인간의 본질이다. 그렇기에 언어가 인문학의 핵심을 이루는 것이다.

또 한 가지 번역의 인문적 성격을 이야기할 때 짚고 넘어가야 할 점은 번역이 단지 외국어와 모국어 사이를 건너다니는 수단에 불과한 것이냐 하는 문제다. 외국어 공부가 실용성을 넘어선 인문학적 공부라 하더라도 번역이 그 공부의 수단에 불과하다면 번역 자체는 인문학과 별 관계가 없을 것이다. 그러나 번역은 외국어 공부를 위한 별도의 수단이 아니라 어떤 모어를 가진 사람이 외국어를 공부할 때면 필연적으로 수반되는 핵심적 과정으로써 외국어 공부, 즉 언어 공부 자체와 분리될 수 없다. 우리가 외국어를 공부할 때는, 글로 쓴 번역이라는 외적인 틀을 갖추지 않는다 해도, 우리 내부에서 모어와 외국어가 끊임없이 교섭을 하는데, 사실 이것이 외국어를 공부하는 핵심적인 이유이기도 하다. 즉 두 개의 언어가 서로 맞닿는 순간 두 언어 사이의 본질적 유사성과 흥미로운 차이들이 드러나고, 그 과정에서 서로 다른 인간들의 본질과 차이와 관계, 그리고 둘을 넘어선 새로운 제3의 가능성에 대한 새로운 통찰을 얻게 된다. 번역은 이 과정을 관장하는 작업이고 그 자체로 인간적인 즐거움을 주는 작업이며, 그렇기에 인문학적 작업이라고 부를 수 있다.

우리 눈에 보이는 번역물 가운데 어떤 것들은 우리 모두가 즐거움을 느끼는 그런 과정이 모태가 되어 생겨난 것이며, 이런 작

번역의 자리

업을 할 때는 그 자체가 흥미로운 목적이 되어 외국어를 익힌다든가 외국어를 모르는 사람에게 뭔가를 알려 준다든가 하는 등의 실용적인 목적은 뒷전으로 사라지기 마련이다. 이렇게 실용적이지 않은 작업에 강제로 실용적인 틀을 씌우려 할 때 그 진정한 목적이나 의미는 왜곡되기도 한다. 가장 실용적이지 않은 번역이라면 흔히 문학 번역을 떠올릴 것이다. 그러나 이 경우에도 많은 사람들에게 실용적이지 않은 것은 '문학'이지 '번역'은 아니다. 번역은 사람들에게 실용적이지 않은 즐거움을 안겨 주기 위한 실용적인 작업으로 여겨지는 것이다. 그러나 문학 번역을 이런 식으로 외국어가 능숙하지 못한 사람들에게 외국 문학을 읽히기 위한 수단으로 보게 되면 번역 자체의 즐거움과 인문학적 성격은 사라지고, 그 실용적 목적에 번역이 얼마나 봉사했느냐 하는 문제가 중심에 자리 잡게 된다. 그리고 이로 인해 번역의 가치가 왜곡되면서 많은 문제가 발생한다.

자, 이런 질문으로 이야기를 정리해 보자. 외국어에 능숙한 사람도 외국 문학을 원어로 읽지 않고 번역으로 읽는 것이 의미가 있을까? 아마 많은 사람들이 그렇게 외국어를 잘하면 원서로 읽지 뭐 하러 번역서를 읽느냐고 답할 것이다. 그러나 자신이 혼자, 때로는 의식하지 못한 상태에서 해 보는 번역 작업에서 인간적 즐거움을 느끼듯이, 전문가가 공을 들여 해 놓은 번역 자체에서도 두 언어가 뒤엉키고 새로운 가능성들이 탄생하는 과정을 지켜보며 즐거움을 느낄 수 있지 않을까? 그리고 그것은 서로 다른 인

/ 정영목

간들의 본질적인 교섭 과정을 살펴보며 인간을 공부하는 중요한 작업 아닐까? 여기에 그렇다고 답할 수 있어야만 번역의 진정한 자리를 찾는 것이 가능해질 듯하다.

이채관

런던대학에서 문화연구를 공부하고 '연구자'가 되기를 꿈꾸었으나 지금은 다양한 문화기획 일을 하고 있다. 서울와우북페스티벌 총감독을 13년째 하고 있으며, 이외에도 문화 예술, 도시, 공동체, 혁신, 공공성 등의 말과 씨름 중이다. 언젠가부터 '잡놈' 되어 가는 것을 느끼며, 잡놈의 시대가 온다고 주장하고 있다. 삶에 영감을 주고 사회의 변화를 모색하려고 노력 중이다.

문화기획은 사회적 문제를 인식하고 이를 해결하려는 노력이며, 우리가 행복해질 수 있는 방법을 찾는 방식이다. 보지 못하는 것(보이지 않는 것)을 드러내는 힘이며, 의미와 가치를 찾아가는 노력이라고 믿고 있다. 현재, 숙명여자대학교 행정대학원 겸임교수이며, (사)와우책문화예술센터와 (주)시월에서 '잡스러운' 기획을 하고 있다.

07

문화기획자의 길

기획을 한다는 것은 계획을 한다는 것입니다. 무엇을 하고 싶거나 바꾸고 싶을 때 나름의 계획을 세우고 행동에 옮깁니다. 간단한 예로 친구와 여행을 떠날 때 여행의 이유에 서로 공감하고, 어떤 교통편을 이용할지 그리고 어떤 도시를 들를지, 그곳에서는 무엇을 하고 시간을 보낼지 등을 계획합니다. 이러한 과정이 곧 기획의 과정이라고 할 수 있습니다. 이처럼 기획은 우리의 생활 속에 깊숙하게 연관되어 있습니다. 이러한 계획의 과정을 문화예술 영역에서 전문적으로 행하는 직업이 '문화기획자'입니다. 문화기획자는 아직 구체적인 직업으로 이해되고 있지 않습니다. 그만큼 문화기획자가 다루는 범위가 아주 넓고 복잡하며 애매하다는 것을 의미합니다. 그보다는 오히려 공연기획자, 축제기획자, 미술기획자 등 구체적인 직업의 형태로 정의되는 경우가 많습니다만, 이것으로 설명할 수 없는 아주 다양한 영역에서 문화기획자들이 활동하고 있습니다.

한마디로 설명하기 어려운 '문화기획자'라는 직업을 가지고 있는 저는 '도시기획자', '축제기획자', '전시기획자', '총감독' 등으로 불리기도 하는데, 이것은 '문화기획자'가 하는 일이 그만큼 넓고 다양함을 의미합니다. 최근 이런 문화기획자들의 역할이 점점 커지고 있습니다. 문화 예술 교류와 관련한 사업이나, 우리가 사는 도시에 새로운 생명을 불어 넣는 '도시 재생'과 관련된 일, 우리 공동체의 중요한 자산인 '전통시장'을 대형유통마켓과 경쟁에서 살아남도록 도와주는 일 등 아주 많은 부분에서 문화기획자들의 활동 영역이 확장되고 있습니다. 그래서 문화기획자들이 활동하는 영역들은 미술, 음악, 축제 등의 전통적인 예술 개념을 넘어 '공동체성 복원', '도시 재생', '전통시장 활성화', '사회 혁신', '사회적 문제 해결' 등 우리 사회가 필요로 하는 주제들로 확장되고 있습니다. 이러한 영역들은 어린이를 위한 새로운 놀이 방법들을 개발하거나, 버려진 빈 공간을 문화공간으로 재구성하거나, 노인과 청년 문제 등의 사회적 문제들을 해결할 수 있는 대안들을 마련하는 일뿐 아니라 문화다양성과 생활 예술 활성화, 문화 예술 교육지원 등 정책적 이슈들로도 확장되고 있습니다. 이처럼 문화기획자가 하는 일은 세상의 모든 일과 연관된 일이며, 삶의 조건과 환경을 바꾸어 내는 혁신적인 일입니다. 문화기획이라는 정의가 확장되고 있습니다.

/ 이채관

잡스러운 관심, 리베로적 삶

문화기획자를 직업으로 설명하면 흔히들 축제 등의 행사기획자 정도로 생각하거나, 혹은 전시나 공연, 영화 등을 제작하는 사람들을 의미합니다. 물론 그것이 틀린 말이 아니지만, 문화기획자의 삶은 그것보다 훨씬 폭넓고 다양합니다. 우리나라 문화 예술의 발전을 위한 문화 예술 정책을 생산하거나, 도시의 변화를 이끌어 내는 도시기획자가 되기도 하고, 새로운 청년문화를 만들어 내는 청년문화기획자이기도 합니다. 문화기획자는 직업이라는 범주를 넘어 정말 복잡하고 다양한 사회적 '필요'를 충족시켜 주거나 사회적 문제를 해결하는 역할을 합니다. 이탈리아 말로 '자유인'을 뜻하는 리베로적 삶을 살아가는 사람을 의미합니다. 축구에서 최후방 수비수의 역할을 맞지만, 어느 순간 최전방 공격수가 될 수 있는 역할을 부여받은 자유로운 플레이어로서의 삶이 곧 문화기획자의 삶이라고 생각합니다. 굉장히 작은 일상에서의 의미들에 주목하다가도, 사회적 문제들을 해결하는 데 적극적인 역할을 하는 사람들을 의미합니다. 전방위적으로 사회적 문제들을 대면하고, 그것을 해결할 수 있는 사람들을 매개, 연결하는 사람들입니다.

가끔 '문화기획자란 무엇인가요?'라는 질문을 받습니다. 정말 어려운 질문인데 왜냐하면 답이 없거나 혹은 있어도 너무 많기 때문입니다. 이것저것으로 설명될 수 없는 사회의 다양한 문제들에 대해 끊임없이 답하려고 노력하는 직업이기 때문입니다. 그렇기 때문에 무척 잡스럽습니다. 어떤 때에는 우리가 사는 도시의 문제에 주목하다가도, 어떤 한 예술가의 삶을 이해하려고 노력하기도 합니다. 어떤 때에는 출판 시장과 책 문화에 고민하다가도 과학이라고 하는 아주 어려운 문제들을 이해하려고 노력하기도 하고, 청년과 사랑의 문제에 대해 고민하기도 합니다. 정말 잡스러운 관심과 고민들을 끊임없이 찾아가는 사람. 그 관심이 전시, 공연, 축제, 정책 등으로 시민들에게 보여집니다. 그렇기에 공연이나 전시 등 보여지는 것보다는 어떤 프로젝트가 만들어지고 구성되는 '이유'들에 대한 이해가 중요합니다. 이유와 근거를 살피고, 그것을 전시, 공연, 연구 등의 구체적인 형식을 만들어 내는 사람들이 문화기획자들입니다.

　문화기획이라는 직업이 필요로 하는 미덕은 변화에 대한 열망과 절실함, 그리고 세상에 대한 잡스러운 관심입니다. 결국 문화기획은 우리의 삶을 살피고, 그 삶이 지닌 문제와 해결 방법을 문화 예술을 통해 계획하는 것 혹은 예술이 지닌 영감 혹은 우리가 사는 삶을 반성적으로 성찰할 수 있는 기회를 줄 수 있는 장을 마련하는 것입니다. 이러한 변화에 대한 열망과, 사회에 대한 잡스러운 관심을 가지고 탐구하는 태도가 문화기획자의 기본적인 태도입니다. 문화기획자는 변화를 전제로 한 계획을 실천하는 사람들입니다.

문화기획은 어떻게 시작되는가

　문화기획자는 문화를 기획하는 사람들입니다. 우리가 살고 있는 문화적 삶을 좀 더 풍요롭게 하기 위해 노력하는 사람입니다. 문화의 원래적 정의가 농작물을 배양(Cultivate)하다라는 말에서 나온 것처럼, 우리의 삶을 좀 더 살 만하게 만드는 사람들을 의미합니다. 저는 '서울와우북페스티벌'을 만들고 있는 축제 기획자입니다. 12년이 된 우리나라 최초의 책 축제인 이 축제도 많은 고민을 통해 만들어졌습니다. 어떤 기획의 시작에는 반드시 특정한 문제인식과 자원에 대한 이해에서 시작됩니다. 이 시작의 전제는 무언가 하고 싶다는 '열망'입니다.

　제가 책 축제를 시작할 때 중요하게 생각한 두 가지는 우리나라 책 문화―책을 이해하는 방식―에 대한 고민이 있었고, 두 번째로는 내가 살고 있는 마을의 자원에 대한 관심이었습니다. 당시 저는 우리나라의 책 문화가 너무 책을 상품으로 보는 보수적 관점에 머물러 있다는 생각했습니다. 책은 대표적인 문화 상품이지만 그 가치와 의미를 좀 더 확장할 필요가 있다고 생각했습니다. 책이 가지고 있는 문화적 가치를 다른 문화 예술적 활동과 결합시켜, 그 가치가 좀 더 다양한 방식으로 시민들에게 전달될 필요가 있다고 생각했습니다. 책은 정말 다양한 생각을 담은 하나의 그릇입니다. 책 문화는 우리 사회의 다양성 척도를 판단하는 중요한 기준이 됩니다. 우리 사회의 다양한 문제들에 대한 진지한 고민을 담고 있는가 하면, 일상생활에서 접하기 어려운 작가들이 감수성이 담긴 것이기도 합니다. 가 보지 못한 알지 못한 미지의 세계에 대한 간접적 경험을 주기도 하고 우리 삶의 반성적 사유가 가능하도록 생각의 깊이를 더하는 데 도움을 줍니다. 이러한 책이 지닌 다양성들에 더 쉽고 풍요롭게 문화적으로 다가가기 위한 노력이 필요하다는 생각을 했으며, 그것의 매개가 문화예술일 수 있다고 판단했습니다. 책을 매개로 축제를 한다는 상상이 불가능하다고 사람들이 느끼고 있는 순간, 책 축제는 기획되었습니다. 책이 지닌 엄숙함과 진지함 그리고 보수적으로 읽히는 문화들을 바꾸고 싶다는 강한 욕망을 가졌던 때입니다.

또 다른 한 가지는 제가 살아온 홍대라는 커뮤니티에 대한 관심이 이 책 축제를 기획하게 된 계기가 되었습니다. 당시만 해도 많은 사람들에게 홍대 지역은 인디 음악과 미술 그리고 클럽 등으로 설명되던 곳이었습니다. 많은 음악과 미술이 연주되고 전시되는 문화적 거점 공간으로 홍대가 성장하던 때였지만 홍대 앞에는 책을 만들고, 그림을 그리고 디자인하는 많은 사람들이 함께 살고 있다는 생각을 하지 못하던 때이기도 합니다. 홍대 앞은 비록 모두 활발한 활동을 하고 있지 않지만 5,300개의 출판사가 있습니다. 출판사와 함께 일하는 많은 문화산업군들이 밀집되어 있는 곳입니다. 홍대 앞은 한국 지식 생산의 핵심 거점일 뿐 아니라, 문화다양성의 버팀목입니다. 이처럼 중요한 자산을 지닌 도시의 모습은 제가 이곳에 산 지 10여 년이 지나고 보이기 시작했습니

/ 이채관

다. '와우(蝸牛)'라는 말도 홍대 앞, 뒷산의 모습이 마치 누워 있는 소처럼 보인다고 해, 지역에서 사용하던 이름입니다. 지역의 문화적 생태적 자산이 축제의 정체성을 만드는 중요한 계기가 되었습니다.

대부분의 문화기획은 지역의 자산에 대한 이해에서 시작됩니다. 내가 살고 있는 지역에는 어떤 역사적/문화적/인적/사회적 자산이 있는지에 대한 인식에서 시작된다고 볼 수 있습니다. 우리는 자주 우리가 살고 있는 지역에 어떤 사람들이 살고 있고, 어떤 자원을 가지고 있는지에 무관심한 경우가 많습니다. 하지만 머리를 들고 주위를 살피면 아주 유능하고 재능 있는 사람들이 있을 뿐 아니라, 엄청난 문화적 자원들이 숨겨져 있습니다. 이런 자원을 살피는 것이 문화기획의 시작을 알려 준다고 생각합니다.

기획은 어떻게 실행되는가?

축제를 기획하는 것에도 정말 많은 사람들과 많은 생각들이 필요합니다. 서울 와우북페스티벌의 경우, 평균적으로 약 100개의 출판사와 130개의 문화 예술 프로그램, 리더스(readers)로 불리는 100명의 자원봉사자, 70명의 예술가와 저자가 함께 만들어 가는 축제입니다. 하지만 가장 어려운 것은 책 축제를 통해 시민들에게 어떤 주제-문제를 함께 나눌 것인가를 정하는 시간입니다. 즉, 가장 어렵고 중요한 '주제의 선정'입니다. 서울와우북페스티벌은 다른 공연 축제들과는 달리 매년 주제를 정합니다.

지금까지 선정한 몇몇 주제들을 살펴보면 "책 청춘을 껴안다", "만인의 인문학", " 책, 삶을 살피다―사유의 복원", "질문하는 문학, 상상하는 과학" 등이 있습니다. 축제 준비 기간의 약 반 가량을 이 주제를 정하는 데 보냅니다. 주변의 친구들에게 물어보기도 하고, 내부 논의도 진행합니다. 주제를 정하는 것은 지금 이 시대에 다루어야 할 이슈들과 생각들을 구체적으로 살펴보기 위한 노력의 과정입니다. 그렇기에 어떤 해에는 아프니까 청춘이 아니라 청년들의 삶이 왜 아픈지를 살펴보는 기회를 갖기도 하고, 인간을 위한 학문이라 불리는 인문학의 고민들을 '사랑', '죽음'과 같은 인간 본연의 감정들과 함께 살펴보기도 합니다. 혐오사회라 부르는 공감력 부족 사회의 원인들을 따져 묻기도 하고 과학이 몰가치적 태도를 지닌 객관적 학문인가에 대해 고민하기도 합니다. 주제를 정하는 것은 우리가 살아가는 사회의 문제들을 어떻게 인식하는가를 간접적으로 보여 주는 중요한 일입니다. 문화기획의 시작은 지금 우리 사회가 함께 고민할 필요가 있는 문제에 대한 인식에서 출발합니다.

특정한 문제인식에 기반한 주제가 정해지면 이것을 어떻게 시민들과 소통할 것인가에 대해 구체적인 프로그램들을 구성하게 됩니다. 어떤 특정 주제를 가지고 오랫동안 연구한 분들을 모시기도 하고, 서로 다른 생각을 같이 살펴보기도 합니다. 과학적 상상이 어떻게 문화 예술적 장르와 결합해 보여질 수 있는지 고민

합니다. 토론과 논쟁이 있는 다양한 프로그램을 기획합니다. 과학과 예술이 만나 새로운 형식들로 시민들에게 다가가는 방식을 고민하기도 합니다. 결국 주제가 축제의 구성 방식을 결정하게 됩니다. 이처럼 축제를 '주제' 중심으로 기획하고, 이와 연관된 활동들을 연결하고 매개하는 기능을 기획자들이 하게 됩니다.

축제는 주제를 넘어서 사람들이 즐길 거리들과, 사람들의 활동들을 모아 내는 기회를 제공하기도 합니다. 축제가 흔히 다른 경험들을 만들어 가는 과정이라고 말합니다. 다시 말해 우리가 일상생활에서 쉽게 접하지 못하는 다양한 프로그램을 기획하는 것도 문화기획자의 역할입니다. 책을 가지고 노는 법을 경험할 수 있는 기회들을 제공하기 위해 '어린이책 놀이터'를 만들기도 하고 책과 다른 예술이 만나 새로운 형식을 선보이는 '상상만찬'이라는 프로그램도 구성합니다. 마찬가지로 보다 전문적으로 책 문화를 다루는 '와우판타스틱서재'를 만들기도 하고, 해외의 유명 저자를 초대하는 '특별' 프로그램도 기획됩니다. 일러스트레이터, 디자이너, 캘리그라피 등 책을 함께 만드는 사람들의 전시회를 열기도 하고, '책방' 혹은 '책도시'와 같이 책 문화와 연관된 다양한 흐름들에 대한 토론회를 진행합니다. 축제를 통해 책으로 풍요로워질 수 있는 다양한 모색들을 적극적으로 기획하는 것이 축제기획자의 역할입니다. 사람들과 함께 사회적 문제들을 고민하고, 이를 논의하는 장을 만들어 함께 바라보는 미래를 꿈꾸는 일이 문화기획자들의 일입니다.

변화를 기획하는 사람들

문화기획자는 어떤 일을 하는 사람일까요? 축제기획자, 공연기획자, 미술기획자, 문화 예술 교육기획자, 도시기획자 등 문화기획자들이 활동하는 영역들은 너무 넓어 모두 설명하기가 어렵지만 분명한 것은 문화 예술 생산자들과 함께 새로운 가치들을 만들어 내는 역할을 하는 사람은 분명해 보입니다. 이러한 활동이 사회적으로 인정되고 의미 있게 받아들여질 때 기획자가 생산한 결과들은 중요한 '사회적', '문화적' 자산으로 우리 사회에 남겨집니다. 기획의 결과물이 하나의 생명을 얻어 가는 과정입니다. 마치, 훌륭한 작가의 작품이 오랫동안 인류의 자산으로 남아 많은 사람들에게 영감을 주는 것처럼.

문화기획자는 우리 사회의 문제들을 해결하는 문제 해결자이면서, 변화를 만들어 가는 사람입니다. 우리가 살아가는 사회는 환경, 여성, 노인, 청년, 농촌 등 많은 문제들을 안고 있습니다. 이러한 문제들을 문화 예술을 통해 개입하고 해결할 수 있는 새로운 방법들을 제시하는 사람이 문화기획자입니다. 다시 말해 혁신가면서 문제 해결자들입니다. 예를 들어, 어느 임대 아파트 노인 분들의 자살이 급속하게 늘어나는 사건들이 생겼습니다. 문제를 자세히 살펴보니 가장 큰 이유가 외로움이었고 이를 해결할 수 있는 방법을 문화기획자들이 고민하기 시작했습니다. 먼저 노인 분들을 찾아가 말벗이 되고, 그들과 함께 그림을 그리고 화단을 가꾸며 외롭지 않게 살 수 있는 방법들을 적극적으로 모색하는 기획을 하게 되었고, 그 결과는 놀라운 변화들을 가져왔습니다. 노인 분들이 의지할 수 있는 공동체가 생기고, 밖으로 나와 대화를 나누는 시간이 길어졌을 뿐 아니라 자신들이 사는 아파트들을 꾸미기 시작했습니다. 외롭지 않는 아파트가 만들어지기 시작했고 노인의 자살은 더 이상 나타나지 않았습니다. 문화 예술을 통해 큰 변화를 만든 한 예입니다. 또 다른 예로, 일본의 요코하마 고토부키초라는 도시는 이전에는 아주 흥했던 항구도시였습니다. 하지만 항구로서의 기능이 쇠퇴하면서 사람들이 빠져나가고 경제가 침체되기 시작하면서 많은 문제들이 나타났습니다. 건물은 오래되었고, 젊은이들이 모두 빠져나간 도시에는 쓰레기들만 넘쳐 나기 시작했습니다. 하지만 청소를 하는 사람들은 없었고, 빈 방만 늘어나는 요코하마에 오카베(Okabe) 등의 일본의 젊은 청년들이 활동을 시작합니다. 청소를 하고, 마을의 흉물이었던 빈 집을 게스트하우스로 바꾸어 내고, 지역 주민들이 적극적으로 투표할 수 있도록 도왔습니다. 그 결과는 놀라운 변화를 만들어 냅니다. 온 세계에서 배낭 여행객들이 찾아오고, 노인들은 경제활동을 시작했으며 함께 공동체를 가꾸어 가기 시작했습니다. 꽃을 심고 청소를 하고 적극적으로 투표장에도 나가는 새로운 도시의 모습이 펼쳐졌습니다. 그들은 시민들의 삶뿐 아니라 도시의 문화를 바꾸어 내는 혁신적 문화기획자들이었습니다. 이처럼, 우리가 사는 사회의 문제들에 적극적으로 개입해 변화를 이끌어 내는 사

　　　　　　　　　　　　　　　文화기획자의 길

람들이 문화기획자입니다. 문제 해결자이며 활동가이고 혁신가들입니다.

두 번째로 문화기획자는 도시기획자들이라고 할 수 있습니다. 우리가 사는 도시를 좀 더 살 만한 도시로 만들기 위해 노력하는 사람들. 오래된 도시에 새로운 생명을 불어넣는 역할을 하는 사람들. 시민이 도시의 주인이 될 수 있도록 노력하는 사람들입니다. 예를 들어 서울에는 '세상의 모든 기운이 모인다'는 뜻을 가진 세운상가가 있습니다. 이전 이 건물에서는 '탱크도 만든다'고 하는 말이 있을 정도로 아주 많은 장인들이 모여 우리나라의 전자산업을 이끌던 곳이었습니다. 하지만, 지금은 급속한 기술의 발전과 용산전자상가라는 새로운 시장이 생기면서 장인들이 설 자리가 없어지고 급속하게 쇠락하기 시작합니다. 문화기획자는 이러한 도시의 급속한 변화에 새로운 생명을 불어넣는 일을 하는 사람입니다. 장인들과 예술가들이 협력해 새로운 기술의 가능성을 탐색하기도 하고, 장인 분들이 지닌 오래되고 숙련된 기술을 바탕으로 학교를 만들기도 합니다. 그리고 주민들과 함께 세운상가가 어떤 모습으로 바뀌어야 할지 의논을 하기도 하고, 그들이 높은 임대료 상승으로 인해 밀려나지 않는 방법들을 모색합니다. 이처럼, 오래된 문화의 가치를 존중하면서도 새로운 활력을 만들기 위해 계획하고 실행하는 역할을 문화기획자들이 하고 있습니다.

또한 축제를 통해 우리가 살고 있는 도시의 풍경들을 바꾸어

/ 이채관

가는 역할을 하는 사람을 의미하기도 합니다. 예를 들어, 서울 와우북페스티벌은 인디 음악과 미술 등으로 설명되는 홍대 앞의 문화에 새로운 의미들을 더합니다. 홍대 앞에는 음악만이 있는 것이 아니라 책을 좋아하고 책을 만들어 가는 사람뿐 아니라, 디자이너 등 다양한 사람들이 살고 있음을 보여 줄 뿐 아니라, 젊은이들이 많이 찾는 유흥가라는 부정적 도시 이미지를 바꾸는 역할을 합니다. 한시적으로나마 도시에 휴식을 가져다주는 역할도 하고 있습니다. 또 다른 예로, 우리나라의 대표적인 재즈 축제인 '자라섬재즈페스티벌'은 지역 주민들이 재즈를 직접 배우고 연주할 수 있는 기회들을 제공합니다. 초청된 전문 뮤지션의 공연 축제를 넘어 자라섬 주민들의 자긍심을 높이고 문화 예술 향유의 기회를 제공합니다. 주민이 축제의 기획자로, 주인으로 성장할 수 있도록 돕고 있습니다. 뿐만 아니라, 축제 기간 동안 온 주민들이 음식과 손님맞이에 함께하고 있습니다. 축제를 통해 마을의 문화를 바꾸어 내고, 주민들과 함께 살 수 있는 기회를 만들어 가는 사람들. 축제기획자이면서 문화기획자입니다.

문화기획자가 하는 일 중 하나는 전시나 공연을 기획하는 사람들을 말합니다. 우리는 이들을 통틀어 매개자(intermediaries)라고 부릅니다. 예술가를 포함한 문화생산자들을 문화향유자들에게 매개하는 이들은, 우리 시대에 필요하거나 시민들이 즐겼으면 하는 문화들을 선별하고 의미부여하는 일을 합니다. 미술관이나 박물관에서 하는 다양한 전시들을 기획하거나, 도시환경을 미학적으로 재구성하기 위한 공공 미술을 소개하거나, 역사적 사료나 의미들을 살펴 재구성하는 일을 하는 전시기획자뿐 아니라 연극 이나 뮤지컬 등의 공연을 제작하는 사람들을 문화기획자라고 부릅니다. 음향과 조명 등의 기술적 이해뿐 아니라 무대나 의상 등 공연에 필요한 다양한 요소들을 살펴 시민들이 즐길 수 있는 기회를 제공하는 사람들입니다. 이들은 문화 예술 콘텐츠 기반의 문화산업에 종사하기도 하고, 공공 미술관 등의 공공적 서비스를 제공해 주는 사람들을 포함하는 개념입니다. 다양한 문화생산물들 중 바람직하다고 생각하는 작품들을 선별하고, 이를 시민들이 향유할 수 있는 기회들을 만드는 사람들입니다. 이러한 문화기획자의 기능은 아주 중요합니다. 왜냐하면 이렇게 선별된 작품들만이 미술관이나 공연장에 소개되기 때문에, 이들의 능력이 곧 우리나라 문화생산과 향유의 질을 결정하기 때문입니다.

성난 얼굴로 뒤돌아보라

문화기획자가 지녀야 할 모습 중 하나는 '성난 얼굴'입니다. 사회에 대한 관심은, 우리의 삶이 사회가 '어떻게' 바뀌었으면 좋겠다는 생각들을 만들어 냅니다. 문화기획이 단순한 행사나 이벤트를 만드는 것이 아닌 문화 예술을 통한 우리 삶의 변화를 도모하는 기획이라면, 분노의 힘은 곧 변화에 대한 열망입니다. 인간이 지닌 변화의 의지는 잘못된 것에 대한 분노를 통해 사회와 만납니다. 성난 얼굴을 지니는 것은 변화를 위한 노력의 시작입니다. 세상을 위한 문화기획도 이런 성난 얼굴에서 시작됩니다. 하지만 이유 없는 분노가 아닌 설득적 논리에 근거한 이유들이 있을 때 사람들이 함께한다는 것도 명심할 필요가 있습니다. 문화기획은 설득의 과정이며, 이유를 마련하는 과정입니다. 또한, 이유에 기반해 현실의 문제에 개입하는 실천입니다. 구체적인 문제인식이 문화기획의 지속 가능성을 가져다주는 힘입니다. 이유들을 살피고 가능성을 설계하는 것이 문화기획의 시작입니다.

문화기획자가 가져야 할 태도 중 다른 하나는 '긍정성'입니다. 모든 사회의 변화는 긍정성에 기반한 실천에 있습니다. 세상을 바꾸는 기획은 사회적 변화를 이루어 낼 수 있다는 긍정적 태도가 아주 중요합니다. 이때 긍정성은 우리가 비판적으로 사유하는 세상에 대한 대안적 성격을 지닙니다. 부정성을 넘은 긍정성의 기획이 곧 사회를 바꿀 수 있습니다. 우리는 항상 중간자적(in-between) 존재로 삶을 살아갑니다. 부정하고 싶은 상태와 다가올 미래 사이에서 자기 존재에 대해 명쾌한 인식을 하는 것은 쉽지 않습니다. 이런 '사이에 낀' 듯한 우리의 모습들을 인정하고 긍정적 태도를 가지는 것은 우리가 고민해야 할 일과 방향을 찾을 수 있도록 합니다. 그래서 긍정성을 강조하는 것은 문화기획에서 아주 중요한 것입니다.

마찬가지로 사유의 능력과 배려의 태도도 문화기획자에게 아주 중요한 가치들입니다. 사유의 힘은 우리가 살아가고 있는 삶을 반성적으로 되새김할 수 있는 능력을 의미하고, 배려의 능력은 타인의 입장을 친절하게 살피는 태도입니다. 사유되지 않는 기획은 사람들의 삶을 폭력적으로 난도질하기도 하고, 배려 없는 기획은 나의 뜻대로 다른 사람의 삶을 규정하기도 합니다. 문화기획이 문화 예술을 통해 삶을 변화시키는 것이지만, 다른 사람들의 삶도 중요하다는 것을 반드시 이해할 필요가 있습니다. 반성적 자기성찰과 타인의 삶에 대한 배려 깊은 공감능력이 따뜻한 문화기획자로 성장할 수 있도록 합니다.

이렇듯, 문화기획자는 세상의 변화에 관심을 기울이고, 세상에 대한 비판적 인식에 기반한 자기 긍정성을 지닌 사람. 반성적 사유와 타인에 대한 배려를 가슴 깊이 지니고 있는 사람들입니다. 이들은 문화를 만들기도 하고, 문화를 즐길 수 있는 기회를 제공할 뿐 아니라 우리 사회가 보다 풍요로운 문화 민주주의 사회로 나아갈 수 있도록 노력하는 사람들입니다.

만 개의 눈으로 하나를 살피는 힘

문화기획자의 삶은 굉장히 다양하고 역동적입니다. 문화기획은 항상 사회와 마주 보고 변화를 이끌어야 하기에 잡스러운 관심과 지식을 필요로 합니다. 저만 해도, 축제를 만들고 전시를 기획하고, 뮤지컬을 제작하고 영화를 만들기도 했습니다. 그리고 도시재생과 문화 예술 교육 등 많은 공공사업들을 하기도 했습니다. 정말 잡스럽게 살고 있습니다.

　이처럼 다양한 길을 살아가는 문화기획자에게 필요한 것은 잡스러운 관심입니다. 문화와 예술뿐 아니라 사회의 다양한 문제들에 대한 잡스러운 관심을 가질 필요가 있습니다. 문화 예술이 사회와 만나고, 사회의 문제들을 해결하고 다양한 생각들을 가능하게 하는 힘을 가질 수 있도록 하는 것이 문화기획자의 역할입니다. 잡스러운 관심은 '다학문적 inter-disciplinary' 관심이라고 해도 과언이 아닙니다. 하나의 생각으로 사회는 설명되지 않으며, 사회적 문제를 해결할 수 없는 경우가 많습니다. 그때 문화기획자들의 잡스러움은 새로운 길을 여는 열쇠가 될 수 있습니다. 문화기획자의 삶은 세상에 대한 관심의 다양함으로 시작됩니다.

윤태웅

고려대 전기전자공학부에서 학생들을 가르치고 있으며, 사단법인 ESC(변화를 꿈꾸는 과학기술인 네트워크)의 대표도 맡고 있다. 과학과 수학을 사유 방식이자 문화라 여기는 사람이다. 전공은 제어공학이다. 공부에 관한 고민도 좀 하는 편이다. 끊임없이 비우고 배워야만, 잘 나이 들 수 있으리라 믿기 때문이다. 선생으로선 학생들이 스스로 학습하는 능력을 기를 수 있도록 과정 중심의 공부법을 강조한다. 수학이 추론을 위한 엄밀한 언어라는 데 주목하며, 수학적 훈련이 정확한 글쓰기에 도움이 되리란 판단도 하고 있다. 수학 관련 강의를 하며 글쓰기 과제를 내주기도 한다.

노는 데도 물론 관심이 꽤 있다. 한때 공깨나 찼으며, 커피 내려 마시기, 절터나 오름 등을 유람하며 사진 찍기, 디지털기기 가지고 놀기 따위를 좋아한다.

08

모두를 위한 수학

"J에게 내 이야기를 하지 말아 달라고 부탁했다." 무슨 뜻일까?
내 이야기를 J에게 하지 말라고 다른 사람한테 전했다는 건지, 아
니면 내 이야기를 하지 말아 달라고 J에게 부탁했다는 건지 분명
하지 않다. 일상 언어엔 이런 사례가 드물지 않다. "A는 B와 함께
한양에서 내려온 관군에게 붙잡혔다"라 쓰면, B는 A랑 같이 관군
에게 붙잡혔을 수도 있고, 관군과 함께 한양에서 왔을 수도 있다.
물론 앞뒤를 살펴 문장의 의미를 어렵지 않게 따질 수도 있겠지
만, 문장 자체가 모호한 건 사실이다. 맥락을 통해 그 뜻을 파악할
수 있다 하더라도, 이런 문장은 읽는 데 시간이 더 걸릴 수 있다.
자칫 오해가 생길 가능성도 있다.

　수학 하면 흔히들 계산을 먼저 떠올릴 텐데 문장의 의미와 모
호함부터 언급한 이유는 뭘까? 이 글에선 수학을 자유롭고 유능

한 시민으로 살아가는 데 필요한 사유방식이라 말하려 한다. 더불어 수학은 언어이기도 하다. 언어가 생각의 틀이기 때문이다. 요컨대 수학은 사유방식이자 언어다. 수학이 지금까지 존재해 왔던 지식체계 가운데 가장 확실하다면, 그 비밀은 어디에 있을까? 우선 언어로서 수학이 모호한 문장을 허용하지 않는다는 사실을 떠올릴 수 있다. 위에서 든 일상 언어의 예처럼 맥락을 잘 살펴야만 의미를 제대로 이해할 수 있는 방식이면 곤란하다. 그리고 문장과 문장을 이어 나가는 규칙도 특별해, 그런 과정을 거쳐 얻은 결론에 모든 수학자가 동의한다. 물론 수학자도 사람이라 실수할 수 있고, 또 그런 실수를 찾아내지 못하는 실수를 다른 수학자들이 할 수도 있다. 일시적으로 잘못된 결론에 이르게 될지도 모른다. 하지만 그리되더라도, 수학적 오류는 언젠간 교정되기 마련이다.

근거를 대며 주장하는 두 가지 방식

수학자들이 하는 주장은 왜 확실한가? 수학적 논리는 왜 그렇게 특별한가? 그리고 그걸 이해하는 게 앞으로 수학을 하지 않을 청소년들에게 어떤 의미가 있는가? 일단 논증 일반에 관해 잠깐 살펴보기로 한다. 근거를 대며 하는 주장을 논증이라 일컫는다. 주장의 근거를 논거, 결론을 논지라 한다. 논증은 논거와 논지의 쌍이며, 이런 논증을 다루는 학문이 논리학이다. 그래서 논리학은 결론 그 자체보다 과정에 주목한다. 논거가 얼마나 탄탄한지가 핵심 논점이기 때문이다. 상대방의 논리에 공감한다는 건 결론에 이르는 과정에 동의한다는 뜻이다. 나와 똑같은 결론도 논증으로선 받아들이지 않을 수 있고, 또 나와 다른 생각이 좋은 논증일 수도 있다.

논증은 크게 연역논증과 귀납논증으로 나눌 수 있다. 표준국어대사전에 따르면, 연역은 일반적인 사실이나 원리에서 개별적인 사실이나 특수한 원리를 유도하고, 귀납은 개별적인 사실이나 특수한 원리에서 일반적이고 보편적인 명제를 이끌어 내는 일이다. 하지만 이런 설명엔 모호한 점이 없지 않다. 개별, 특수, 일반, 보편 같은 단어를 사람들이 모두 같은 뜻으로 이해하진 못할 수도 있어서다.

정확한 의사 전달의 출발점은 단어를 명확히 정의하는 일이다. 귀납과 연역부터 다시 시작해 보자. 논리학에서 귀납이란 전제가 참(True)이면 결론도 참일 가능성이 큰 논증을 말한다. 그 가능성이 얼마나 큰지를 따져 좋은 귀납논증인지 아닌지 평가할 수 있다. 결론이 참임을 보장할 순 없다. 예를 하나 들어 보자. "세종대왕도 죽었다. 이순신 장군도 죽었다. … 이제껏 영원히 산 사람은 없다. 따라서 사람은 모두 죽는다." 물론 마지막 문장에 나오는 결론이 거짓(False)일 가능성은 전혀 없다. 그런데도 이 논증이 귀납인 건 지금까지 관찰한 내용을 바탕으로 주장했기 때문이다. 그것만을 근거로 삼는다면, 앞으로 영원히 죽지 않을 사람이 나타날 '논리적 가능성'을 배제할 수 없게 된다. '현실적 가능성'이나 '물리적 가능성'이 없다 해도 말이다. 이미 위에서 언급한 바 있듯이, 논증은 논거와 논지의 쌍이다. 전제가 결론을 지지하는 방식, 즉, 결론에 이르는 과정이 핵심이다. 같은 결론이라도 주장하는 방식에 따라 귀납논증이 될 수도 있고, 바로 아래에서 이야기할 연역논증이 될 수도 있다. 물론 근거를 제대로 대지 못하면 오류 논증이라는 불명예를 안게 될지도 모를 일이다.

연역은 전제가 참이면 결론도 참일 수밖에 없는 논증을 뜻한다. 귀납이 개연성을 제시한다면, 연역은 확실성을 보장한다. 삼단논법을 대표적인 예로 들 수 있다. "(1) 사람은 모두 죽는다. (2) 나는 사람이다. (3) 나도 죽을 것이다." (1)과 (2)는 전제고, (3)은 결론이다. (1)과 (2)가 참이면, (3)도 참이다. 결론이 참이 아닐 가능성은 전제 가운데 적어도 하나가 거짓일 때만 존재한다. 죽지 않는 사람도 있다거나 내가 사람이 아니라면, 내가 죽지 않을 수도 있으리라. 물론 이 예에선 표준국어대사전에서 설명하듯 사람이 모두 죽는다는 일반적인 사실에서 내가 죽을 거라는 개별적인 결론이 도출된다. 하지만 연역추론이 늘 그렇진 않다. "(1) n이 5보다 크면, (2) n이 4보다 크다" 같은 문장에서 (1)이 보편이고 (2)가 특수라 하긴 어렵지 않겠는가. 그냥 전제가 참이면 결론도 참인 논증이 연역이며, 이런 방식으로 전개되는 게 바로 수학적 논리다.

/ 윤태웅

작은 공리에서 큰 세상으로

연역추론의 결과물인 수학적 지식은 확실하다. 이때 전제가 참이어야 함은 물론이다. 참이라 가정된 전제를 공리라 하는데, 수학은 공리에서 출발해 정해진 추론 규칙을 거쳐 새로운 문장들을 차례대로 만들어 낸다. 이처럼 공리와 추론 규칙으로 구성된 논리 체계를 공리계라 한다. 추론 규칙의 목록엔 이를테면 "A면 B다. A다. 따라서 B다" 같은 내용이 들어 있다. 삼단논법이 여기 해당한다. 어떤 명제가 공리에서 추론 규칙을 통해 유도될 때 수학자들은 그 명제가 증명되었다 한다. 그리고 그렇게 증명된 명제를 정리(Theorem)라 일컫는다. 정리를 증명하는 게 수학자들에겐 제일 중요한 일상이다.

결론이 참임을 귀납추론이 보장할 수 없다는 사실은 결론에 전제보다 많은 내용이 들어 있음을 의미한다. 그렇다면 결론이 참임을 보장하는 연역추론은 전제가 결론을 이미 담고 있다는 이야기가 되리라. 이른바 동어반복이다. 수학의 확실성이 단순한 동어반복의 결과란 말인가? 기원전 그리스로 거슬러 올라가 유클리드 원론을 잠시 살펴보자. 원론엔 다음과 같이 다섯 개의 공리가 있다. (공리와 공준을 구별하기도 하는데, 여기서는 그냥 공리라 부르기로 한다.)

1. 임의의 점과 다른 한 점을 연결하는 직선은 단 하나다.

모두를 위한 수학

2. 임의의 선분은 양 끝으로 얼마든지 연장할 수 있다.

3. 임의의 점이 중심이고 임의의 길이가 반지름인 원을 그릴 수 있다.

4. 직각은 모두 서로 같다.

5. 직선 밖의 한 점을 지나며 이 직선과 평행인 직선은 단 하나다.

(평행선 공리)

유클리드는 위대하다. 그가 수많은 기하학적 명제들을 발견해서가 아니라, 그것들을 이 다섯 공리에서 모두 유도했기 때문이다. 기하학을 공리 다섯 개에 압축한 셈이다. 기하학처럼 우주마저 공리에 담을 수 있다면, 무한한 우주는 유한한 공리들의 동어반복이라 할 수 있으리라. 놀랍지 않은가. 그래서 수학은 위대한 동어반복(great tautology)이다. 원론에서 제시된 연역추론 체계는 이후 수학의 전형이 되었고, 과학의 기반이 되었다. 그렇게 서양 과학 문명의 바탕을 이루었다. 뉴턴의 프린키피아는 물론이고 스피노자의 윤리학, 미국의 독립선언서, 애덤 스미스의 국부론도 모두 유클리드 원론의 구성 방식을 따랐다 한다. 서양에선 원론이 성경 다음가는 베스트셀러라는 이야기도 있다. 기하학 정리를 하나 살펴보자.

[정리] "삼각형 내각의 합은 180°다."

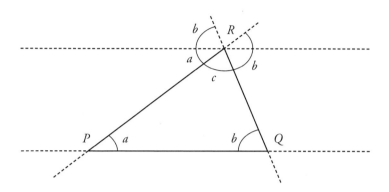

그림1. 삼각형 내각의 합

[증명] (번거롭다 싶으면 증명 부분은 나중에 읽기로 하고 일단 그냥 넘어가도 좋다.) 그림 1의 삼각형 PQR을 고려하자. 공리2에 따라 선분 PQ, QR, RP의 양 끝을 연장해 직선을 만든다. 그다음 공리 5를 이용해 꼭짓점 R을 지나며 PQ를 잇는 직선과 평행인 직선을 그린다. 그럼 RP를 잇는 직선과 이 평행선이 이루는 각도는 꼭짓점 P의 각도인 a와 같고, 마찬가지로 이 평행선과 QR을 잇는 직선이 이루는 각도는 꼭짓점 Q의 각도인 b와 같음을 알 수 있다. 이로써 $a+b+c=180°$가 성립한다. 즉, 삼각형 내각의 합은 180°이다.

모두를 위한 수학

귀류법과 수학적 귀납법

전형적인 증명 방법을 보여 주는 사례를 두 개만 더 들기로 한다. 우선 모순을 이용해 $\sqrt{2}$ 가 무리수임을 증명하자. 참고로 두 정수의 비로 표현되는 실수를 유리수라 하고, 그리될 수 없는 실수를 무리수라 한다. 사과 두 개, 귤 두 개, 연필 두 자루 같은 구체적 상황에서 2라는 정수의 개념을 포착하고 정수와 정수의 비로 유리수를 생각했는데, 이 빽빽한 유리수들 사이에 무리수가 있었던 것이다.

[정리] "$\sqrt{2}$ 는 무리수다."

[증명] $\sqrt{2}$ 가 유리수라 가정하자. 그럼 공약수가 없는 정수 p 와 q 가 존재해서 $\sqrt{2}$ 를 p 와 q 의 비로 나타낼 수 있다. 즉, $\sqrt{2} = \dfrac{p}{q}$, $2 = \dfrac{p^2}{q^2}$ 이 성립한다. $p^2 = 2q^2$ 이므로 p^2 은 짝수다. 그런데 p 가 홀수면 p^2 도 홀수가 되기에, p 는 짝수이어야 한다. 이제 어떤 정수 r 이 존재해 $p = 2r$ 가 됨을 알 수 있다. 이걸 $p^2 = 2q^2$ 에 대입하면, $4r^2 = 2q^2$, $2r^2 = q^2$ 이 성립한다. 그래서 q^2 은 짝수고, q 도 짝수다. p 와 q 가 모두 짝수인 것이다. 하지만 이는 p 와 q 를 공약수가 없는 정수라 했던 가정, 즉, $\sqrt{2}$ 가 유리수라는 가정과 모순된다. 따라서 $\sqrt{2}$ 는 무리수다.

이런 방식의 증명을 귀류법이라 한다. 흐름은 이렇다. 먼저 결

/ 윤태웅

론을 부정한다. 그리고 거기서 모순을 이끌어 낸다. 그 결과 '결론의 부정'은 거짓이고, 결론은 참이 된다. 이 방법은 "A면 B다"와 "B가 아니면 A가 아니다"의 진릿값이 같다는 사실을 이용한 증명이라고도 할 수 있다. "사람이면 동물이다"와 "동물이 아니면 사람도 아니다"는 둘 다 참이고, "동물이면 사람이다"와 "사람이 아니면 동물도 아니다"는 둘 다 거짓이다. 귀류법은, B가 아니라는 전제 아래 A가 아니라는 결론을 유도하여 'A면 B다'라는 명제를 증명하는 것과 같다. A가 아니라는 결론이 전제 A와 모순되기 때문이다. 이런 식의 귀류법은 일상의 논리에서도 왕왕 사용된다. 수학에서처럼 엄밀하게는 아니라도 말이다. 이를테면, 어떤 선택을 하기로 판단하고 나서 그걸 논리적으로 정당화하는 과정을 상상해 보자. 그런 선택을 하지 않을 때 생길 수 있는 결과를 따져 보면 어떨까. 만약 몹시 나쁜 일이 일어나리라 예측할 수 있다면, 그 판단을 정당화할 수 있을 것이다. 이제 수학적 귀납법에 관해 살펴보자.

[정리]

"첫 n개의 홀수를 다 더하면 n^2과 같다. 즉, $1+3+5+\cdots+(2n-1)=n^2$."

[증명]

(단계 1) 먼저 $n=1$일 때를 확인한다. $1=1^2$이므로 $n=1$이면 정리의 명제는 참이다.

모두를 위한 수학

(단계 2) $n=k(\geq1)$일 때, 명제가 참이라 가정한다. 즉, $1+3+5+\cdots$ $+(2k-1)=k^2$.

(단계 3) 그럼 $1+3+5+\cdots+(2k-1)+(2k+1)=k^2+(2k+1)=(k+1)^2$이므로 $n=k+1$일 때도 명제는 참이 된다. 따라서 모든 자연수 n에 대해 $1+3+5+\cdots+(2n-1)=n^2$이 성립한다.

모든 자연수 n에 대해 성립하는 성질을 보이려 할 때, 세상에 존재하는 자연수 하나하나에 대해 일일이 증명을 시도할 순 없다. 무한히 긴 시간이 필요하기도 하리라. 수학적 귀납법은 이 무한한 절차를 두 가지 증명으로 압축한다. 우선 $n=1$일 때 명제가 참임을 보인다. 그리고 $n=k(\geq1)$일 때 명제가 참이라 가정한다. 그 다음 이 가정을 이용해 $n=k+1$인 경우를 증명한다. 이로써 증명이 완성된다. $n=1$일 때 참이니, $n=2$일 때도 참이고, 또 $n=3$일 때도 참이다. 이런 과정은 영원히 계속돼 결국 모든 자연수 n에 대해 이야기할 수 있게 되는 것이다. n에 따라 내용은 달라져도 일정한 패턴이 존재하면 그걸 증명에 활용하는 방식이라 할 수도 있겠다. 간혹 귀납이란 단어로 말미암아 혼동이 생기기도 하는데, 수학적 귀납법은 연역추론이지 귀납추론이 아니다. 엄연한 수학적 증명이다.

/ 윤태웅

확실성에서 무모순성으로

이처럼 수학에선 연역추론을 통해 공리에서 정리를 이끌어 낸다. 또 그렇게 얻은 정리들을 이용해 또 다른 정리들을 증명한다. 공리를 주춧돌 삼아 아름다운 건축물을 짓는 것이다. 이렇게 해서 얻은 문장들은 일상 언어와는 달리 오해의 소지가 전혀 없다. 단어의 의미도 물론 마찬가지다. "(1) 실수 x가 충분히 크면 함수 $f(x)$의 절댓값이 ε보다 작다"란 문장을 살펴보자. x가 얼마나 커야 $|f(x)|<\varepsilon$이 성립한다는 건지 분명하지 않다. (1)을 이렇게 바꿔 써 보자. "(2) 어떤 y가 존재해서, y보다 큰 모든 x에 대해 $|f(x)|<\varepsilon$이 성립한다." (2)는 명확하다. $x>y$일 때 $|f(x)|<\varepsilon$가 되게 하는 y가 있다는 이야기다. 여기서 (1)과 (2)가 뜻하는 바를 따지려 애를 쓸 필요는 없다. (1)은 모호하고 (2)는 분명하다는 차이만 확인하면 된다. 물론 수학자들도 (1)과 같은 문장을 쓰기도 한다. (2)의 의미로 사용하기로 합의한 이후에 말이다.

모든 게 깔끔하게 잘 정리된 듯싶다. 자명한 공리에서 연역적으로 유도한 정리들은 다 진리다. 그런데 공리가 정말 그렇게 스스로 명백한가? 원론을 쓴 유클리드 자신도 고민이 있었다 한다. 다섯 공리 가운데 마지막 평행선 공리가 찜찜했던 탓이다. 시야가 유한한 인간에겐 직선 밖의 한 점을 지나는 무한히 긴 평행선이 딱 하나 있다는 게 사실 의심스러울 수밖에 없다. 수학자들은 앞의 네 공리를 이용해 평행선 공리를 증명하려 하였다. 평행선 공리의 부정이 다른 공리와 모순됨을 보이려는 시도도 있었다(귀류법). 그런 일이 성공했다면 평행선 공리는 공리가 아니라 평행선 정리가 되어, 더는 의심의 대상이 되지 않았을 터다. 하지만 여의치 않았다. 원래 가능한 일이 아니었기 때문이다.

평행선 공리는 다른 네 공리와 독립적이었다. 평행선 공리를 부정해, 주어진 직선 밖의 한 점을 지나는 평행선이 수없이 많다고 하거나 하나도 없다고 가정해도 유클리드 기하학만큼 옳은 기하학을 건설할 수 있게 된 것이다. 이른바 비유클리드 기하학의 출현이다. 평행선이 수없이 많다는 전제 아래 쌍곡 기하학이, 하나도 없다는 전제 아래 구면 기하학이 등장했다. 19세기의 일이니 이들 비유클리드 기하학과 고대 그리스 유클리드 기하학 사이엔 2천 년도 넘는 시차가 있는 셈이다. 이 대목에서 위에서 증명했던 "삼각형 내각의 합은 180°다"란 정리를 다시 떠올려 보자. 평행선 공리를 사용해 얻은 명제였으니, 비유클리드 기하학에선 달라져야 하지 않겠는가. 증명하는 데 사용한 공리의 내용이 바뀌었으니 말이다. 그렇다. 삼각형 내각의 합은, 쌍곡 기하학에선 180°보다 작고, 구면 기하학에선 180°보다 크다. 유클리드 기하학의 평면이 평평하다면, 쌍곡 기하학은 말 안장 같고, 구면 기하학은 공처럼 생긴 모양새다.

수학적 진리란 무엇인가? 삼각형 내각의 합이 180°가 되기도 하고, 또 그보다 크기도 작기도 하다면, 대체 뭐가 확실하단 뜻인가? 서로 다른 이야기가 다 진리일 수도 있는가? 20세기 초반을

/ 윤태웅

살았던 수학자들에겐 이게 심각한 문제였다. 자신들이 아주 튼튼한 논리적 기반 위에 있다고 여겼는데, 그 토대가 생각보다 단단하지 않다는 의미일 수 있기 때문이었다. 게다가 온갖 역설도 골치가 아팠다. "이 문장은 거짓이다"의 예를 들어 보자. 이 문장을 G라는 기호로 나타내면, G가 거짓이라는 게 G의 내용이다. G는 참인가, 거짓인가? G가 참이라면, G가 거짓이라는 말이 맞으니 G는 거짓이다. 반면에 G가 거짓이라면, 그렇다고 한 G가 참이다. 이른바 거짓말쟁이의 역설이다. 이런 역설은 모호함을 피할 수 없는 일상 언어의 한계에서 비롯되었다 할지도 모르겠다. 그럼 이건 어떤가? 버트런드 러셀(1872~1970)이 묻는다. "자기 자신을 원소로 포함하지 않는 모든 집합의 집합을 P라 한다면, P는 P의 원소인가?" 짧지만 복잡한 이 문장의 의미를 따지는 건 독자의 몫으로 남겨 두고 결과만 적어 보자. 이런 일이 일어난다. P가 P의 원소라면 P는 P의 원소가 아니고, 반면에 P가 P의 원소가 아니라면 P는 P의 원소가 된다. 이걸 러셀의 역설이라 일컫는다. 거짓말쟁이의 역설과 본질적으로 다르지 않다. 현명한 독자들은 벌써 이런 역설에 일종의 자기 언급이 포함되었음을 알아챌 수도 있으리라. 수학자나 논리학자라면 이런 역설을 피해 갈 수 있었을까? 그게 그리 간단하지 않다. 슬픈 사연을 하나 소개한다. 현대 수리논리학의 아버지쯤 되는 고틀로프 프레게(1848~1925)의 이야기다. 수학을 논리학으로 환원해 수학의 기초를 닦으려 했던 그는 『산술의 기초』라는 대작의 마지막 둘째 권 출간을 앞두고 있었

모두를 위한 수학

다. 러셀의 편지를 받았을 땐『산술의 기초』2권이 인쇄기에 걸린 상태였다 한다. 문제가 있었다. 프레게의 집합론이 '자기 자신을 원소로 포함하지 않는 모든 집합의 집합'을 허용했던 것이다. 모순은 피할 수 없었다. 책을 다시 쓸 수 없었던 프레게는 책의 후기에 러셀의 편지를 언급하며 다음과 같이 덧붙였다고 한다. "자신의 연구를 완성하자마자 그 토대가 무너지는 걸 목격하는 일보다 더 불행한 사건은 없을 것이다."

프레게를 좌절시켰던 러셀이 그가 내려놓은 깃발을 다시 들었다. 위기에 빠진 수학을 논리주의로 구해 낼 참이었다. 러셀은 단순 개체들의 집합과 그런 집합들의 집합을 서로 다른 유형으로 분류하는 방식으로 역설을 해소하려 하였다. 하지만 왜 어떤 집합은 허용되고 어떤 집합은 금지되는지 명확히 설명할 수 없었다. 수학을 논리학으로 환원하려 한 러셀의 시도는 실패했다. 수학의 기초를 단단하게 다지는 과제는 다비드 힐베르트 (1862~1943)의 몫이었다. 비유클리드 기하학의 출현으로 공리의 진리성이 절대적일 수 없음은 이미 드러났다. 그러니 연역적으로 얻어 낸 결론이 실제로 옳은지 그 여부보다는 공리적 토대 자체에 관심을 돌려야 했다.

핵심 쟁점은 공리계의 무모순성(consistency)이었다. 공리계가 무모순이란 말은, 서로 모순되는 정리들이 추론될 수 없다는 뜻이다. 그래야 역설에서 벗어날 수 있지 않겠는가. 하지만 우리에게 익숙한 자연수 체계조차 무모순성을 증명할 길이 보이지 않았다.

/ 윤태웅

게다가 수학의 추상성은 점점 커져만 갔다. 이때 공리계의 무모순성을 확립하기 위해 힐베르트가 기획한 방법이 연역체계의 완벽한 형식화였다. 모든 표현을 의미와 무관한 기호로 보고, 이 기호들을 결합하고 조직하는 방법만 명확한 규칙으로 만들자는 이야기다. 그러면 연역 과정에서 '공인되지 않는 추론 원리'가 끼어들지 못하게 할 수 있다. 그렇게 수학은 형식이 되었다. 수학의 의미는 수학에 관해 말하는 이른바 상위수학(meta-mathematics)에서 다루기로 하면 된다. 힐베르트는 이런 방식으로 공리계를 형식화해 무모순성을 보장할 수 있을 거로 믿었다. 아울러 공리계의 완전성(completeness), 즉, 참인 명제는 모두 증명된다는 성질도 보일 수 있으리라 기대했다.

형식적 틀에 가둘 수 없는 수학

힐베르트의 야심 찬 기획은 열매를 맺을 수 없었다. 쿠르트 괴델(1906~1978)이 1931년 '불완전성 정리'를 발표해 그게 가능한 일이 아님을 증명했기 때문이다. 다음과 같다.

수론 전체를 포함하는 포괄적인 공리계가 무모순이면, 그 안에는 참이지만 증명할 수 없는 명제가 존재한다. 즉, 모순이 없는 공리계는 불완전하다. 아울러 모순이 없는 공리계는 자신의 무모순성을 증명할 수 없다.

불완전성 정리엔 여러 오해가 따른다. 무모순성과 완전성을 갖춘 공리계가 존재하지 않는다는 오해가 대표적이다. 괴델은 이미 1930년에 술어논리 체계의 완전성을 증명한 바 있다. 불완전성 정리는 연산이 정의된 포괄적인 공리계에 해당하는 이야기다. 또 공리계의 추론 규칙을 통해 무모순성을 보일 수 없다고 해서 공리계가 모순적이라 주장하는 건 아니다. 실제로 산술 체계의 무모순성은 공리계 외적인 논리로 증명할 수 있다고 한다. 다만, 힐베르트의 기획대로 수학적 추론을 형식적인 절차로 환원하는 방식으로는 모순이 없는 공리계의 무모순성을 증명할 수 없다는 뜻이다.

괴델은 공리계의 모든 기호와 문장에 숫자를 일 대 일 대응*시켰다. 이른바 괴델 수다. 논리적인 관계를 숫자와 숫자의 관계로 바꾼 것이다. "괴델 수 a에 대응하는 문장이 괴델 수 b에 대응하는 문장의 증명이다" 같은 주장에도 괴델 수를 붙일 수 있었다. 그리고 마침내 다음과 같은 문장을 공리계의 규칙에 따라 '합법적으로' 구성하기에 이르렀다. "이 문장은 증명할 수 없다." 거짓말쟁이의 역설과 비슷해 보이지만, 역설이 아니다. 이 문장이 거짓이

---

* 문제 A와 일 대 일 대응하는 문제 B가 있다고 생각해 보자. B가 A보다 풀기 쉽다면, 당연히 B를 풀어 A의 답을 찾을 것이다. 수학뿐만 아니라 일상에서도 이런 일은 흔히 일어난다. 또 종이에 사다리를 그려 여러 선택지 가운데 하나를 고르는 상황도 일 대 일 대응의 개념으로 설명할 수 있다. 사다리를 타면 왜 모두 각각 다른 선택을 하게 되는 걸까? 여러 사람이 한 지점에서 만난다든가, 어느 한 곳이 아무에게도 선택되지 않을 가능성은 왜 없을까? 일 대 일 대응 함수의 합성함수도 일 대 일 대응 함수이기 때문이다.

/ 윤태웅

라 한 게 아니라 그냥 증명할 수 없다고 했을 뿐이다. 증명할 수 있어야만 하는 건 아니지 않은가? 이번엔 괴델이 구성해 낸 이 문장을 G라 하기로 하자. 그럼 G를 증명할 수 있을까? G의 내용이 "G를 증명할 수 없다"는 것이니, 증명이 가능하다면 G는 증명할 수 없다는 뜻이 된다. 서로 모순된 두 가지 결론이 G를 증명할 수 있다는 전제에서 나오고 말았다. 모순이 없는 공리계에선 생길 수 없는 일이다. 따라서 G는 증명할 수 없다. 그런데 G를 증명할 수 없다는 건 G가 참이란 이야기다. G를 증명할 수 없다는 게 바로 G에서 하는 주장이기 때문이다. 이렇게 해서 괴델은 공리계가 무모순이라는 가정 아래 참이지만 증명할 수 없는 정리를 만들어 냈다. 모순이 없는 공리계의 불완전성은 그렇게 증명되었다. 나아가 괴델은 무모순성의 증명이 G의 증명으로 이어짐을 보였다. 이로써 무모순성도 증명할 수 없음이 확인되었다. G를 증명할 순 없으니 말이다.

괴델의 불완전성 정리로 힐베르트의 원대한 기획은 실패로 돌아갔다. 러셀의 논리주의에 이어 힐베르트의 형식주의도 수학을 단단히 떠받치는 토대가 될 수 없었다. 사실 20세기 초에 있었던 이런 일은 20세기 중후반과 21세기를 사는 일선 수학자들에겐 그리 심각한 문제가 아닐지도 모른다. 실수 함수의 미분과 적분을 다루는 사람들이 실수 체계의 무모순성을 의심할 순 없지 않겠나? 형식주의니 불완전성 정리니 하는 것들은 수학이라기보다는 수학의 철학에 관한 이야기라 해야 하지 않을까? 도대체 수학에

단단한 토대란 게 필요하긴 한가? 그런 토대가 있다면, 그건 좋은 일일까? 불완전성 정리를 증명한 괴델은 어떤 생각이었을까? 이 정리에 담긴 뜻은 무엇일까? 수학의 한계를 말한 걸까? 아니면 수학의 지평을 넓힌 걸까? 흥미로운 질문들이 꼬리에 꼬리를 물고 이어진다. 이론물리학자인 로저 펜로즈(1931~)는 괴델의 정리를 근거로 인간의 마음은 현재의 컴퓨터로 구현할 수 없다고 주장하기도 했다. 여러 견해가 가능하겠지만, 적어도 수학을 알고리즘 형태로 형식화할 수 없다는 점만큼은 분명해 보인다. 단일한 토대 위에 세우기엔 수학이 너무 큰 모양이다. 실제로 괴델은 수학적 직관이나 실재가 모든 형식을 넘어서는 것이라 믿었다. 불완전성 정리는 자신의 믿음과 일치하는 결과였다. 괴델은 플라톤주의자였다.

자유로운 시민에게 수학을!

수학사엔 많은 천재가 등장한다. 하지만 수학이 천재들의 역사만은 아니다. 사실 수학만큼 누적적으로 발전해 온 분야도 없다. 뉴턴과 라이프니츠가 17세기 후반에 만든 미분은 극한의 개념이 명확히 정의된 19세기 중엽에 이르러야 엄밀한 수학이 될 수 있었다. 150여 년이나 걸린 셈이다. 그때까지 많은 수학자가 연속함수는 언제든 미분할 수 있다고 믿었다 한다. 물론 미분할 수 없는 연속함수가 있다는 게 지금은 상식이지만 말이다. 수학도 인간의

/ 윤태웅

활동이다.

수학은 사유방식이자, 모호하지 않게 구성된 정교한 언어다. 이를테면, 미분방정식은 변화하는 세상 만물을 기술한다. 수학은 엄밀한 개념 정의, 정량적 사고와 추상적 사고, 그리고 논리적 추론을 가능하게 하는 강력한 사유체계다. 형식적 틀 안에 가둘 수 없는 열린 체계이기도 하다. 또 수학은 서로 무관해 보이는 대상들이 공유하는 성질을 포착해 추상화한다. 그래서 수학을 패턴의 과학이라 일컫는 이들도 있다. 수학은 자유롭고 유능한 시민으로 살아가는 데 필요한 덕목이기도 하다. 수학적 지식의 결과를 기억하자는 주장이 아니라 수학적 사유방식과 태도를 익히자는 말이다. 정확한 문장으로 치밀하게 논리를 펴는 능력도 수학과 무관하지 않을 것이다. 과정이 중요하다. 삼각형 내각의 합이 $180°$라는 결과 자체는 별 의미가 없다. 똑같은 과정을 밟아도 전제가 다르면, 삼각형 내각의 합이 $180°$보다 클 수도 있고 작을 수도 있음은 이미 살펴본 바 있지 않은가. 수학적 사유 능력은 수학을 통해 연마할 수밖에 없다. 이 글에서 소개한 세 가지 증명은 수학 활동의 사례이기도 했다. 계산 위주의 작업을 기계적으로 반복하는 일은 안 하느니만 못하다. 논리와 추론에 초점을 맞추는 방식이 되어야 하리라.

수학은 지금까지 인간이 만들어 낸 지식 체계 가운데 가장 확실한 것이다. 물론 완벽한 확실성은 수학에서도 실현 불가능한 이상일지 모른다. 위대한 수학자인 힐베르트는 풀 수 없는 문제

/ 윤태웅

란 없다고 생각했다. 알아야 하는 건 언젠간 알 수 있다는 이야기다. 그는 공리계의 완전성과 무모순성이 보장되는 형식적 틀을 구성할 수 있으리라 믿었다. 하지만 괴델은 힐베르트의 꿈이 실현될 수 없음을 증명했다. 이상을 추구해야, 그 한계도 대면할 수 있는 모양이다. 정의로움과 공평함 같은 이상을 추구하는 사람들에게서 엿볼 수 있듯이 모든 이상엔 힘과 가치가 있다. 엄정한 논리만을 따르는 수학은 그 밖의 다른 권위에 맹종하지 않는다.

허남웅

딴지일보와 FILM 2.0을 거쳐 현재 영화평론가로 활동 중이다. 잘 쓰는 것
보다 마감 시간에 맞추는 것을 더 중요하게 생각하면서도 시간을 넘겨 원
고를 보내는 일이 태반이다. 분야를 막론한 글쓰기와 말하기 때문이라고
변명하지만, 꼭 그런 것 같지도 않다. 사실 요즘 탁구에 빠져 있어 매일같
이 2~3시간씩 운동을 하다 보니 마감 시간 맞추기가 영 버겁다. 잠도 부
족해져 몸 건강해지라고 하는 운동 효과를 전혀 보지 못하고 있다. 그래서
이런 나를 구원해 줄 누군가를 열렬히 기다리고 있다. 이것은 필자 소개인
가 아니면 필자 소개를 빙자한 공개 구혼인가. 잘 모르겠다. 나란 인간이
그렇다.

09

누구를 위한
'슈퍼히어로'인가?

미국은 슈퍼히어로다. 누가 그런 소리를 하느냐고? 미국이 그렇고 할리우드가 이를 거대한 이미지, 즉 블록버스터 영화로 전파하고 있다. 실제로 미국은 지구 곳곳의 위험 지역에 무슨 일이 생기면 반드시 나타나는 슈퍼히어로인 양 세계 정의 수호에 앞장서는 '척'하고 있다.

'척' 하면 알아들을 테지만, 군이 부연 설명을 하자면, 미국은 세계 평화를 명분으로 내세운 채 실은 자국의 이익을 위해 분란을 조장하는 것으로 유명하다. 예컨대, 1990년 8월 이라크가 쿠웨이트를 침공하자 미국은 다국적군을 이끌고 걸프 전쟁을 일으킨 적이 있다. 중동의 평화를 도모하겠다는 것이 대외적인 명분이었지만, 실은 이 지역에 매장된 석유를 확보하기 위한 전략이었음을 많은 이들이 알고 있다.

그런데도 미국은 선(善), 아랍은 악(惡)이라는 이분법적 사고가 팽배한 것은 할리우드가 이런 선악의 구도로 영화를 만들어 전 세계 영화 팬들을 현혹하고 있기 때문이다. 이는 미국이 구(舊) 소련(지금의 러시아, 이하 '소련')과 냉전이 한창이던 1970년대 후반 본격화된 것으로 전면에 섰던 장르가 바로 《슈퍼맨》(1978)으로 대표되는 '슈퍼히어로물'이었다. 그래서 할리우드의 슈퍼히어로물을 살피는 건 세계 경찰(?)로서 미국이 현재 처한 상황과 위치를 가늠하는 것이기도 하다.

《슈퍼맨》 냉전 시대의 산물

리처드 도너 감독의 《슈퍼맨》은 컴퓨터 그래픽이 발달한 지금 보면 꽤 조악한 이미지로 웃음이 나올 정도다. 마블의 슈퍼히어로 '어벤져스'의 독주를 막겠다며 보무도 당당히 나섰던 《배트맨 대 슈퍼맨: 저스티스의 시작》(2016, 이하 《저스티스의 시작》)은 산만한 이야기로 혹평을 받았다. 하지만 슈퍼맨이 하늘로 슝! 날아가는 만화 같은 이미지가 최첨단 컴퓨터 그래픽의 도움을 받으니 전혀 허무맹랑하게 느껴지지 않았다. 하늘에서 내려다본 뉴욕 시내 배경에 슈퍼맨이 날아다니는 '척' 자세를 취한 이미지를 합성한 《슈퍼맨》의 그림과는 비할 바가 아니다.

1978년에는 그랬다. 그와 같은 조악한 합성 이미지가 당시 관객에게는 최첨단의 시각 예술로 각인됐다. 깔끔하게 머리를 올백

/ 허남웅

으로 넘겨 시원스레 이마를 드러낸 잘생긴 외모의 슈퍼맨(크리스토퍼 리브)이 성조기에서 아이디어를 얻은 빨갛고 파란 유니폼을 입고 하늘을 날며 나쁜 놈을 물리치는 모습이 미국 관객에게는 그렇게 멋있을 수가 없었다. 미국인들은《슈퍼맨》을 보며 영화적인 쾌감을 넘어 대리만족을 느꼈다.

이유가 있었다. 당시 미국은 소련과 함께 경쟁적으로 핵무기와 같은 군사력을 확충하는 데 여념이 없었다. 서로를 향해 핵미사일의 머리를 겨누었던 미국과 소련 탓에 전 세계는 어느 순간 멸망할지도 모른다는 두려움에 휩싸였다. 그래서 당시를 '냉전(冷戰)' 시대라고 불렀다. 그러다 보니 미국에서는 '하드 바디(Hard Body)'라고 부르는 강한 남자에 대한 열망이 뜨거웠다. 바깥의 위협으로부터 나라를 구하고 가족을 보호하고 자신을 지키기 위해서는 강한 힘을 키워야 했다. 슈퍼히어로, 그중 원조라 할 만한 슈퍼맨이 주목받게 된 배경이다.

《슈퍼맨》은 슈퍼맨의 탄생 신화다. 슈퍼맨은 행성 크립톤에서 태어났다. 슈퍼맨의 아버지 조엘(말론 브랜도)은 머지않아 크립톤 행성이 폭발할 것을 예상하고 후에 슈퍼맨으로 활약할 클라크를 홀로 지구로 보낸다. 지구인 부부 밑에서 성장한 클라크는 성인이 되자 메트로폴리스에 있는 플래닛 데일리 기자로 입사한다.

기자로 활동하는 와중에 불의를 목격하면 슈퍼맨으로 뿅! 변신, 정의를 수호하는 그의 앞에 악당 렉스 루터(진 핵크만)가 나타난다. 렉스 루터는 슈퍼맨이 크립톤 행성의 돌 크립토나이토에

약하다는 사실을 간파하고 궁지에 몰아넣는다. 그 후 군사용 미사일을 조작해 미국 동부와 서부에 각각 한 방씩을 날려 보낸다. '도와줘요, 슈퍼맨!' 슈퍼맨은 과연 미국 각지에서 당도하는 중생들의 호소 요구에 응할 수 있을까.

조엘은 클라크가 슈퍼맨으로 활약하기 전 이런 충고를 건넨다. "인간 역사에 간섭하는 일은 금지되어 있음을 명심하라!" 인간을 초월하는 존재인 슈퍼맨이 괜한 정의심에 인간의 일에 너무 깊숙이 끼어들어 인류 역사에 교란을 주지 말라는 의미다. 역으로 슈퍼맨이 인간 역사에 간섭한다는 것은 그만큼 사안이 심각하다는 얘기가 된다. 그것이 슈퍼맨 개인에 얽힌 일이라면?

동부로 가는 미사일을 제거하는 데 성공한 슈퍼맨이지만, 몸이 하나인지라 LA와 샌프란시스코로 향하는 미사일을 막는 데는 실패한다. 마침 그곳에서 슈퍼맨이 짝사랑하는 플래닛 데일리의 동료 기자 로이스 레인(마곳 카더)이 지나가던 중 사망하고 만다. 이에 슈퍼맨은 지구의 자전축을 반대로 날아 시간을 거꾸로 돌려 기어코 그녀를 되살리고야 만다.

역사는 전 세계 인류가 함께 일궈 나가는 것임에도 불구하고 리더 국가를 자처하는 미국은 그마저도 자신들이 주도한다고 생각한다. 세계 평화를 위해 그 자신들이 어쩔 수 없이 역사에 개입한다는 태도로 일관하는 것이다. 이에 대한 정당성을 부여하기 위해서는 근거가 필요한데 역사가 일천한 미국은 '슈퍼맨'과 같은 영화적인 신화로 이를 눙치려 든다.

실제로 슈퍼맨은 태생부터가 미국의 기원, 그 자체다. 외계에서 온 이방인이라는 인물 설정은 과거 영국의 박해를 피해 메이플라워호를 타고 새로운 대륙을 찾아 케이프코드(지금의 미국 매사추세츠)에 입성한 이주민들의 미국 건국 신화를 연상케 한다. 그리고 클라크가 지구를 지키는 영웅으로 재탄생하는 이야기는 짧은 역사에도 불구, 세계 경찰국가로 거듭난 오늘날의 미국이 추구하는 모습과 다를 바가 없다.

그런 맥락에서 슈퍼히어로물의 악역은 당대에 미국과 가장 첨예하게 대립하는 인물 혹은 집단과 연관될 수밖에 없다. 《슈퍼맨》의 렉스 루터는 소련과는 전혀 연관이 없어 보이는 인물이지만, 당시 세계 평화에 가장 큰 위협이 되었던 핵미사일을 연상시키는 무기로 슈퍼맨을 위협하고 미국 영토를 파괴한다. 굳이 소련과의 연관성을 설정에 넣지 않더라도 관객은 슈퍼맨과 대립하는 악의 세력이 현실에서 어떤 존재인지를 어렵지 않게 추측할 수 있다.

할리우드는 이와 같은 교묘한 방식으로 미국은 슈퍼히어로이고 슈퍼히어로는 정의를 실현하는 존재라는 등식을 전 세계 영화 팬들의 뇌리에 각인했다.

《엑스맨》온건 vs 강건, 대립하는 슈퍼히어로

《엑스맨》(2000)은 슈퍼히어로물의 역사에서 중요한 분기점에 해당하는 작품이다. 슈퍼히어로는 홀로 움직이거나 '배트맨과 로빈'처럼 짝을 이뤄 움직이는 경우가 보통이다. 그래야만 불시에 벌어지는 악행에 신속하게 대응할 수 있다.

그와 다르게 《엑스맨》은 팀의 형식으로 조직화되어 있는 게 특징이다. 극 중 '자비에 영재학교'는 그런 엑스맨의 성격을 반영한 상징적인 기관이다. 찰스 자비에(제임스 맥어보이, 패트릭 스튜어트) 교수가 설립한 자비에 영재학교는 엑스맨으로 불리는 소수자들의 특출한 능력을 발전시켜 줄 뿐 아니라 사회에 적응하지 못하는 이들이 자존감을 회복하도록 돕는 역할까지 마다하지 않는다.

엑스맨들은 남들과 다른 능력을 지녔다는 이유로 다수를 이루는 보통 사람과 융화하지 못한 채 주변으로 밀려난 상태다. 달라서 위협적이라는 게 그 이유다. 엑스맨은 슈퍼맨과 배트맨과 아이언맨과 캡틴 아메리카 등 젊고 잘생기고 신체 건장한 백인 남성 슈퍼히어로와 다르게 여자와 아이와 노인과 장애인 같은 사회적인 약자들로 구성되어 있다. 《엑스맨》 시리즈를 대표하는 돌연변이 중 한 명인 미스틱(제니퍼 로렌스)은 여자다. 그리고 앞서 언급한 자비에 교수는 젊은 시절 매그니토(마이클 패스벤더, 이안 맥켈런)가 잘못 쏜 총에 척추를 맞아 그 충격으로 지금은 휠체어 신세다.

나 같은 소인배라면 자신을 배제하고 핍박한 기득권 세력을 향해, 건강한 육체를 이 지경으로 만든 매그니토를 향해 쌍욕을 퍼부어도 모자랐을 터. 자비에 교수는 모든 게 다 내 탓이오, 운명을 받아들이는 대신 사회에 악감정을 품은 엑스맨들을 다독이고 이

누구를 위한 '슈퍼히어로'인가?

들을 돌연변이 괴물로 몰아 핍박하는 세력에게 오히려 화해의 손을 내민다. 서로 갖지 못한 것을 보완해 함께 평화로운 세상을 건설하자고 설득하는 데 모든 역량을 총동원한다.

매그니토는 비폭력을 고수하는 자비에 교수가 못마땅하다. 어린 시절 매그니토는 폴란드 유대인 강제 수용소에서 어머니가 나치에 의해 무참히 살해당하는 광경을 눈앞에서 목격했다. 매그니토의 경험상 인간은 결코 선한 존재가 아니다. 복수심을 DNA로 체화한 매그니토에게 비폭력은 세상 물정을 모르는 이의 순진한 발상일 따름이다. 비폭력이 통했다면 매그니토를 비롯한 엑스맨들이 오랫동안 차별받았을 리가 없다. 썩을 대로 문드러진 이 세상을 정화하기 위해서는 폭력밖에는 없다.

소수자의 권리 찾기라는 목표는 같지만, 자비에 교수와 매그니토는 방식을 두고는 첨예하게 대립한다. 이는 흑인의 인권 신장을 두고 달리 접근했던 마틴 루서 킹과 맬컴 엑스의 관계를 연상시킨다. 마틴 루서 킹은 찰스 자비에 교수처럼 행진과 침묵과 무엇보다 단결로 몽둥이와 방패를 든 공권력에 맞섰다. 그에 반해 맬컴 엑스는 눈에는 눈, 이에는 이와 같은 방식으로 흑인의 권리를 억압하는 이들에게 폭력을 서슴지 않았다. 마틴 루서 킹은 찰스 자비에 교수처럼 모든 이들이 하나의 사회에서 평등하게 살아가는 인종 통합을 지향했다. 맬컴 엑스는 매그니토가 그랬듯 적대하는 이들끼리 억지로 함께하는 것이 아닌 분리하는 노선을 취했다.

/ 허남웅

이처럼《엑스맨》시리즈는 미국의 중요한 실제 역사를 가져와 서사에 녹이는 방식으로 이야기를 전개한다.《엑스맨: 퍼스트 클래스》(2011)는 쿠바의 핵미사일 기지 건설을 두고 미국과 소련의 갈등이 극에 달했던 1962년의 '쿠바 미사일 위기'가,《엑스맨: 데이즈 오브 퓨처 패스트》(2014)는 베트남전 해결을 위해 각국의 국방부 수장들이 모인 1973년의 프랑스 파리 회담이 중요한 배경으로 등장한다.

이것은 그야말로 획기적인 발상이었다.《엑스맨》은 만화로만 치부되던 슈퍼히어로물에 실제 역사를 배경으로 등장시켜 이 시리즈가 단순 오락물의 가치를 넘어 정치 사회적인 해석이 가능하도록 하였다.《슈퍼맨》에서 슈퍼맨이 인간사에 너무 깊이 관여하지 말라는 아버지 말을 무시하고 역사를 바꾸었던 것은 초인적인 힘이 바탕이 된 허구였다.《슈퍼맨》이 상영되던 당시 미국은 허구를 동원해 자신들의 힘을 '뻥튀기' 했다. 미국은 슈퍼히어로다! 이 얼마나 유아적인 발상인가.

미국이 바깥에서 힘을 과시하며 허울만 좋은 세계 평화를 부르짖는 동안 미국의 정의는 안에서부터 무너지고 있었다. 다수자는 소수자를 억압했고 백인은 흑인을 차별했으며《엑스맨》의 찰스 자비에와 매그니토는 정의를 실현하는 방법을 두고 부딪쳤다. 내부 갈등이 깊어지고 패가 나뉘면서 미국인들은 조국이 추구하는 '정의란 무엇인가'에 대해 회의하기 시작했다.《엑스맨》은 슈퍼맨의 시대에 종언을 선언하는 텍스트이자 고뇌하는 히어로 '배트맨'의 등장을 알린 이정표와 같은 작품으로 슈퍼히어로물의 역사에 한 획을 그었다.

《다크 나이트》 어둠에서 신음하는 슈퍼히어로

배트맨에게는 이미 잘 알려진 또 다른 이름이 있다. '어둠의 기사'를 의미하는 '다크 나이트(Dark Knight)'다. 슈퍼맨과 다르게 얼굴을 가린 박쥐 가면을 쓰고 검정 일색의 유니폼을 입고 밤에만 행동하는 이유가 크다. 박쥐의 습성이니 만큼 '박쥐 인간(Batman)'이 그러는 것도 당연하다. 그렇다면 박쥐는 왜 밤에만 활동하는 습성을 가지게 됐을까? 나도 모르겠다. 조물주가 그렇게 창조했다, 고밖에는 설명할 도리가 없다. 박쥐와 다르게 배트맨에게는 그럴 만한 사연이 있다.

배트맨은 시커먼 외양에 버금가는 어두운 과거를 가지고 있다. 평상시에 브루스 웨인(크리스천 베일)으로 불리는 배트맨은 고담 시의 대부호 웨인 가문의 외동아들로 태어났다. 불면 날아갈까, 부르면 달아날까, 브루스 웨인은 아빠 토마스 웨인과 엄마 마사 웨인의 극진한 보살핌 속에 부족할 것 없는 시절을 보냈다. 8살 때까지는 그랬다. 어느 날, 브루스 웨인은 부모님과 함께 뮤지컬을 보고 극장 밖으로 나오던 중 괴한과 마주친다. 금전을 요구하는 괴한에 맞선 아빠와 엄마는 브루스 웨인이 보는 앞에서 총알에 맞아 사망한다.

브루스 웨인의 영혼은 사고가 발생하기 전의 햇빛 찬란한 상태가 아니었다. 부모님의 원수를 향한 복수심은 그의 영혼을 종일 흐리고 폭풍우 치는 날씨로 변모시켰다. 어둠이야말로 브루스 웨인의 성장의 자양분이었다. 엄마와 아빠 없는 지상에는 희망이 존재하지 않았다. 어둠만이 그의 삶의 등불이었다. 그때부터 본능적으로 지하세계에 매료되었다. 그곳에서 운명적으로 박쥐와 만났다. 박쥐의 힘을 얻은 브루스 웨인은 부모님의 원수를 갚고 고담 시의 정의의 수호자가 되기로 한다.

그렇게 브루스 웨인은《배트맨 비긴즈》(2005)에서 적에게 두려움을 주는 존재 배트맨으로 다시 태어난다. 그는 더는 부모님의 죽음에 고통받는 사춘기 소년이 아니었다. 이제는 범죄와 부패가 만연한 고담 시의 악을 응징하는 것만이 일생의 목표처럼 보였다. 그러나 웬걸,《다크 나이트》(2008)에서는 눈에 띄게 야윈 모습으로 등장, 그의 고민이 다른 차원으로 옮겨 갔음을 암시한다.

《다크 나이트》는 배트맨 프랜차이즈 역사상 '배트맨'이 들어가지 않은 최초의 경우였다. 슈퍼히어로물에서 '-맨'으로 명명된 이들이 영웅으로 간주되는 게 당연한 상황에서 배트맨을 제목에서 제외(?)했다는 것은 다른 면모를 보여 주겠다는 의도도. 아닌 게 아니라, 배트맨은 법을 수호하기 위해 폭력을 사용하는 것에 혼란을 느낀다. 악당들의 행태가 날로 잔인해지다 보니 배트맨으로서는 폭력 없이 고담 시의 평화를 지킨다는 건 불가능에 가깝다.

고민의 핵심이 바로 여기에 있다. 고담 시에 횡행하는 범죄와

누구를 위한 '슈퍼히어로'인가?

부패는 결국 폭력의 결과다. 그런데 브루스 웨인 또한 악을 응징하겠다며 주먹을 휘두르고 있으니 그게 과연 올바른 방법인지 딜레마에 빠진다. 악당을 처단하면 할수록 배트맨에 대한 보복으로 더 강한 적이 고담 시를 찾아와 쑥대밭을 만드는 폭력의 악순환이 반복된다. 그렇다고 대책 없이 손을 뗄 수 없는 브루스 웨인은 밤에는 배트맨이 되어 악에 맞서는 한편으로 낮에는 자신의 행동이 가져올 또 다른 파장에 대해 고민을 거듭하는 등 힘든 생활을 이어간다.

《다크 나이트》의 주제는 '배트맨의 명성이 더 강한 적을 부른다'로 요약할 수 있다. 이는 소련의 붕괴 이후 중동으로 표적을 옮겨 또 다른 '적'을 소탕하겠다고 전쟁을 일상화한 미국이 9.11 세계무역센터 테러라는 더 큰 재앙에 직면한 현실의 국제정치학과 무관하지 않다. 조지 부시 전(前) 미국 대통령은 이라크를 악의 축으로 명명하며 군사적 역량을 총동원해 후세인 정권을 몰락시킨 바 있다. 그 후 중동에는 평화가 찾아 왔는가? 후세인이 제거된 그 자리에는 오사마 빈 라덴이, 지금은 무장조직 이슬람국가(IS)가 세력을 확장하며 미국에 더 큰 위협이 되고 있다.

세계 질서의 구축을 명분으로 내세웠지만, 더욱 혼탁한 상황으로 빠져든 미국 정부를 향한 전 세계의 여론은 우호적이지 않다. 9.11 이후 국제정치 분야에서 자중지란에 내몰린 미국의 현실은 《다크 나이트》의 배트맨이 처한 진퇴양난의 상황과 무척이나 닮았다.

/ 허남웅

배트맨은《다크 나이트》에서 '사상 최강의 적' 조커(히스 레저)에 맞서 목숨을 건 대결을 펼친다. 그렇다고 고담의 시민들은 배트맨에게 고마워하지 않는다. 오히려 배트맨의 존재 자체가 조커와 같은 악을 고담 시로 불러들여 더욱 혼란에 빠뜨렸다고 불만을 드러낸다. 조커와 맞서 싸우느라 연인까지 잃은 배트맨이 고담 시민들로부터 환영받지 못하는 이유가 여기에 있다. 정의를 지향함에도 분란만 조장하는 꼴이 된 배트맨은 고담 시를 뒤로 한 채어디론가 홀쩍 떠나 버렸다. 이후 고담 시민들은 배트맨을 일러 다크 나이트라고 불렀다.

《아이언맨》슈퍼히어로는 아무나 하나

어느 영화 전문지가 슈퍼히어로의 재산 순위를 공개한 적이 있다. 이들이 조사한 바에 따르면,《아이언맨》(2008)의 토니 스타크(로버트 다우니 주니어)는 약 1,000억 달러, 우리 돈 115조 원에 해당하는 재산으로 1위를 차지했다. 그 뒤를 이어 웨인 기업을 소유한《다크 나이트》의 배트맨 브루스 웨인이 800억 달러(약 92조 원)의 재산 가치로 2위에 올랐다. 압권은《스파이더맨》의 피터 파커다. 피터 파커는 가진 돈 고작 0.5달러와 감자칩 한 봉지로 슈퍼히어로 재산 순위 꼴등의 영예(?)를 안았다.

싱겁기는. 이런 같잖은 내용을 조사해 기사화한 잡지가 어디냐고? 영국의 '엠파이어'다. 1989년 7월에 창간한 엠파이어는 영국에서 가장 잘 팔리는 영화잡지다. 이들이 고액 연봉을 받아 가며 아무 생각 없이 슈퍼히어로 재산 순위 따위를 기사화한 게 아니라는 얘기다. 이제 슈퍼히어로는 하늘이 점지해 주지 않는다. 개인의 능력과 노력 여하에 따라 슈퍼히어로가 될 수 있는 시대가 도래한 것이다.

과거의 슈퍼히어로는 태어날 때부터 영웅의 능력을 부여받거나(《슈퍼맨》,《엑스맨》 등), 아니면 불의의 사고로 초인적인 능력을 얻는(《스파이더맨》,《인크레더블 헐크》(2008) 등) 경우가 대부분이었다. 지금의 슈퍼히어로는 만들어지는 존재다. '억' 소리 아니, '조' 소리 날 정도의 어마어마한 재산을 보유한 아이언맨과 배트맨이 대표적이다.

토니 스타크는 아버지가 일군 대형군수업체를 물려받은 기업 스타크의 CEO다. 신무기 홍보차 방문한 아프가니스탄에서 스타크 기업이 만든 무기가 살상용으로 악용된다는 사실을 목격하고는 세계 평화를 위한 방법을 모색한다. 평생 원 없이 쓸 만큼 재산도 많겠다, 발명에도 일가견이 있는 토니 스타크는 첨단의 슈트를 직접 개발하여 스스로 슈퍼히어로 아이언맨이 된다.

브루스 웨인 역시 다르지 않다. 부모님의 죽음을 눈앞에서 목격한 그는 마음속에 도사린 두려움을 불의를 향한 분노로 승화해 슈퍼히어로의 지위를 획득한다. 아버지가 물려준 천문학적인 재산과 비가 오나 눈이 오나 브루스 웨인의 부탁이면 죽음마저 불

/ 허남웅

사하는 집사 알프레드(마이클 케인)와 첨단 무기를 전문으로 개발하는 루시어스 폭스(모건 프리먼)의 도움으로 성공적인 배트맨 데뷔를 마친다.

토니 스타크와 브루스 웨인과는 좀 다른 배경이지만,《인크레더블 헐크》와《어벤져스》등에 등장했던 헐크 역시 이해 가능한 논리가 슈퍼히어로 탄생 과정의 기저에 깔려 있어 주목할 만하다.《인크레더블 헐크》의 브루스 배너(에드워드 노턴)는 헐크로 변신하는 자신의 분노를 치료하기 위해 연구를 거듭, 이를 억제하는 데 성공한다. 또 다른 헐크 영화《헐크》(2003)의 브루스 배너(에릭 바나)가 감마선 실험의 실패로 헐크가 된 것과 비교하여《인크레더블 헐크》는 이제 슈퍼히어로의 탄생이 이성 혹은 과학으로 설명 가능한 영역이 되었음을 증명한다.

슈퍼히어로의 탄생 배경이 변화한 만큼 정의를 대하는 슈퍼히어로의 태도 역시 이전과는 사뭇 달라졌다. 바로 이 지점에서 입지전적인 슈퍼히어로로 분류됐던 아이언맨과 배트맨의 결정적인 차이가 발생한다. 토니 스타크는 브루스 웨인처럼 눈에 띄는 고민이나 트라우마가 없어 보인다. 어려서는 부모님의 충격적인 죽음으로, 성인이 되어서는 정의 추구 문제로 심경이 복잡한 브루스 웨인과 다르게 토니 스타크는 개인의 즐거움이 무엇보다 중요하다. 토니 스타크에게는 고민할 시간 대신 신소재의 아이언맨 슈트를 개발하거나 미녀와 함께 즐겁게 보내는 게 더 의미 있다.

이제 슈퍼히어로에게도 개인적인 가치가 중요해졌다. 정의 추

누구를 위한 '슈퍼히어로'인가?

구? 세계 평화? 지금 농담하나. 배트맨처럼 백날 고민해 봐야 무슨 소용이 있나. 악당 한 번 물리친다고 지옥 같은 이 세계가 금세 천국으로 바뀔 리 만무하다. 세계 질서라는 게 그렇게 호락호락하지 않다. 악당이 사라져 잠시 조용해진 자리는 더욱 강력한 나쁜 놈이 나타나 채우기 마련이다. 세계는 평화와 폭력을 각각 자전거의 앞과 뒤의 바퀴로 삼아 순환하며 앞으로 나아간다. 미국이 늘 적을 필요로 하고 세계 곳곳에 분란을 조장하는 것은 자국의 무기 산업으로 배를 불리고 강한 미국의 이미지를 전 세계에 전파하기 위함이다. 그처럼 슈퍼히어로는 악당이 있어야 존재 증명이 가능하다. 그러니 배트맨의 고민 따위 이제는 안녕.

슈퍼맨과 배트맨 등 슈퍼히어로의 선배들이 자연인의 정체성과 슈퍼히어로의 정체성을 철저히 분리한 것과 다르게 토니 스타크는 굳이 아이언맨으로서의 자신의 정체를 숨기지 않는다. 토니 스타크에게 정의 수호는 아이언맨 슈트를 입고 벌이는 일종의 놀이요, 재미다. 토니 스타크일 때나 아이언맨일 때나 그의 입에서는 유머가 그칠 날이 없다. 세계 평화가 미국을 비롯해 강대국들의 립서비스로 전락한 작금에 웃음이야말로 아이언맨이 추구하는 정의요 세상을 지배하는 룰이다.

웃음이라고는 코딱지만큼도 없는 배트맨과 슈퍼맨이 서로 힘을 합하는 데 어려움을 겪는 동안(《저스티스의 시작》) 아이언맨은 유머를 적절히 활용해 유연성 있게 분위기를 잡아가며《어벤져스》(2012)《어벤져스: 에이지 오브 울트론》(2015, 이하《어벤져스 2》)

이 자리를 잡는 데 선도적인 역할을 한다. 그렇다. 이제 슈퍼히어로는 단독에서 집단으로 움직이는 '멀티플'의 시대로 접어들었다.

《어벤져스》슈퍼히어로 하나로는 부족해

'어벤져스'와 '저스티스 리그' 이들 슈퍼히어로는 왜 집단을 이뤄 적에 맞서는 것일까? 이 글을 처음부터 쭉 읽어 내려온 독자들이라면 이 질문에 대한 답을 어렵지 않게 유추할 수 있을 것 같다. 맞다. 슈퍼히어로는 개별적인 존재로 엄청난 능력의 소유자이지만, 세상 돌아가는 꼴이 혼자서는 이 모든 상황을 막아 낼 수 있는 수위를 넘어섰다. 현실의 미국이 밖으로는 중국과의 힘겨루기로, 안으로는 끝이 보이지 않는 경기침체로 내우외환을 겪다 보니 한 명의 슈퍼히어로 가지고는 힘이 달리는 모양새다.

미국인들이 체감하는 현실이란 것이 여간해선 감당하기 힘든 초유의 상황이란 것을 《어벤저스》는 보여 준다. 지구의 평화를 위협하는 세력에 홀로 맞서길 즐겼던 슈퍼히어로들이 《어벤저스》에는 올스타급으로 등장하는 것이다. 게다가 이들이 맞서야 할 적은 외계인으로 모자라 '천둥의 신' 토르(크리스 헴스워스)의 이복동생 로키(톰 히들스턴), 그러니까, 신(God)적인 존재다.

《어벤져스 2》는 또 어떤가. 《어벤져스 2》의 슈퍼 악당은 울트론(제임스 스패이더)이다. 울트론은 실은 토니 스타크의 작품이다. 《어벤져스》에서 외계인 치타우리의 지구대침공에 충격을 받은

누구를 위한 '슈퍼히어로'인가?

그는 세계 평화를 위해 아이언맨 군단을 조성하려 든다. 토니 스타크는 이를 위해 자신이 개발한 인공지능 시스템 '자비스'를 돌린다. 그러던 중 악성 코드가 침입하고 오류가 발생하면서 울트론이 탄생한다. 그러니까, 울트론은 컴퓨터 프로그램 같은 존재다. 인공지능을 탑재해 결점이 발생하면 업그레이드를 통해 스스로 보완하고 무한복제 능력까지 갖춰 자신의 모습과 같은 울트론 군단까지 조직한다.

더욱 강력해진 것으로 모자라 악당이 하늘에서 비처럼 떨어지는 상황. 아이언맨과 캡틴 아메리카와 헐크와 토르와 블랙 위도 등 어벤져스의 슈퍼히어로들은 지구와 우주와 신계(神界)와 심지어 온라인까지 넘나들며 적을 상대하느라 몸이 열 개라도 부족하다. 지구상에 존재하는 슈퍼히어로는 다 불러 모아야 할 판이다. 아니나 달라, 그동안 잊힌 존재였던 슈퍼맨이《저스티스의 시작》에 소환되어 배트맨과 원더우먼과 짝을 이뤄 저스티스 리그를 결성한다. 그 뒤를 이어 '아쿠아맨', '플래시', '사이보그' 등이 합류하고 어벤져스 또한 '닥터 스트레인지', '캡틴 마블', '인휴먼즈' 등의 새로운 슈퍼히어로를 속속 선보일 예정이다.

미소의 냉전 구도가 오래전에 깨지고 미국과 중동 간의 전쟁 또한 미국의 승리로 끝나면서 양자가 대립하는 국제 정세의 구도는 과거가 되었다. 이제 미국은 중국과의 힘겨루기에 더해 세계 곳곳에서 점조직처럼 발생하는 다양한 형태의 적과의 싸움으로 새로운 차원의 갈등에 돌입했다. 그만큼 세계정세는 급변하고 있고 미국을 위협하는 세력은 점점 분화되어 가는 형국이다. 이에 발맞춰 슈퍼히어로물의 변화 속도도 무척이나 빨라지고 있다.

그야말로 슈퍼히어로 전성시대다. 그 열풍이 언제까지 이어질지 쉽게 예측하기 힘들 정도다. 만화를 연상시키는 허구의 묘사로 시작했던 슈퍼히어로물은 점점 사실주의에 기반을 둔 형태로 발전했다. 극 중 슈퍼히어로의 내적 고민은 개인적인 차원을 넘어 사회와 깊은 연관을 맺게 됐고 더욱더 현실적인 모습을 취하게 됐다. 결국, 미국에서 탄생한 슈퍼히어로물은 미국에 관한 이야기로 귀결될 수밖에 없다.

슈퍼히어로물은 미국의 현실에 대한 은유로 작용하기 안성맞춤인 구조다. 그래서 슈퍼히어로물은 미국 주도 하의 국제 정세에 대한 미국의 생각을 반영한 알레고리의 역할을 수행한다. 《슈퍼맨》부터 《어벤져스》 시리즈까지, 슈퍼히어로물의 발전은 흥미롭게도 세계 경찰국가로서의 미국이 국제정치적으로 큰 변화를 겪을 때마다 있었다. 슈퍼히어로물은 어디까지 진화할 것인가? 여기까지 이 글을 읽었다면 앞으로 슈퍼히어로물이 다르게 보일 것이다.

누구를 위한 '슈퍼히어로'인가?

손정은

고등학교 방송반 아나운서를 하며 아나운서의 꿈을 키워 오다. 대학생활 내내 오로지 아나운서의 길만 바라보다. 대학 4학년, 지상파 낙방의 쓴맛을 보고 부산MBC 아나운서가 되다. 아무 연고 없는 부산에서 홀로 살아가기가 시작되다. 2년 후 서울MBC 아나운서가 되다. 《스포츠뉴스》, 《정오뉴스》, 《뉴스데스크》, 《뉴스투데이》, 《PD수첩》, 예능 《지피지기》, 《일밤-신입사원》, 라디오 《보고 싶은 밤 손정은입니다》 등을 진행하며 원 없이 방송하는 5년의 시간을 보내다.

사회공헌실로 거처를 옮겨 봉사하는 삶에 조금 눈뜨다. 하루하루 감사하며 사회에 보탬이 되는 사람이 되길 꿈꾸다.

청소년들이여,
비전을 가져라

갈수록 치열해지는 경쟁사회, 죽어라 공부하고, 죽어라 스펙 쌓고 있지만 갈수록 좁아지는 취업의 문. 도대체 어느 곳에서 마음 편히 숨 쉬며 살란 말인가? 요즘 청소년들을 보면서 드는 안타까운 생각들이다. 그러나 이런 때일수록 숨을 쉬고 주변을 둘러보라. 나만의 길은 반드시 있다.

중고등학생들에게 말하고 싶다. 좋은 대학 가는 것에만 목숨 걸지 말라고. 의사가 되고 검사가 되기 위해 시험을 통과해야 한다면 목표를 가지고 공부해야 한다. 또 학자가 되어 평생 연구하며 살고 싶다면 공부 열심히 해야 한다. 하지만 세상의 수많은 직업은 공부만이 전부가 절대 아니다. 오히려 그 분야의 재능이나 끈기, 열정이 더 중요하다. 방송을 예로 들어 보자. 좋은 프로그램을 만들어 내는 피디와 균형 잡힌 취재를 하는 기자, 진실된 방송을 하는 아나운서와 앵커들이 모두 일류대를 나왔다고 생각하는가? 그렇지 않다. 어느 대학을 나왔느냐보다 어떤 톡톡 튀는 아이디어를 가지고 프로그램을 만드는지, 얼마나 균형 있는 마인드를 가지고 취재하는지, 얼마나 좋은 센스를 가지고 방송을 하는지가 더 중요하다. 대학을 100% 무시하고 내가 하고 싶은 것만 하라는 뜻이 아니라 어느 대학, 어느 과에만 목숨 걸면서 그것을 달성하지 못했다고 좌절하지 말라는 뜻이다.

또 한 가지, 부모님에게만 의존하지 말라. 엄마가 학교 스케줄, 숙제, 과외 스케줄 다 짜 주고 시키는 대로만 하는 청소년들이 있는데 이것은 엄마에게도, 아이에게도 매우 좋지 않은 일이다. 아이는 사회에 나가서 스스로 헤쳐 나가야 하는데 그러려면 자립성, 독립성이 필수다. 이렇게 부모에게만 의지하면서 자라나면 인생의 중요한 능력을 배울 수 없다. 스스로 생각하고 해결하는 능력은 살면서 정말 중요하다. 그것은 사회생활 하면서, 결혼 생활 하면서, 또 아이를 교육할 때도 굉장히 중요하게 작용한다.

지금부터 내가 좋아하는 일을 찾아 적어 보자. 공부 이외에도 청소하기, 장난감 조립하기, 만화 그리기, 영화 보기, 농구 하기, 춤추기 등 뭐든 좋다. '내가 좋아하는 게 뭐지?' 하고 고민해 보라. 리스트를 쭉 적고 그중에서 내가 잘하는 일을 골라 보자. '춤은 내가 참 좋아하지만 잘 못해. 나 몸치잖아.' 또는 '난 그림 그리는 게 재미있어. 만화도 그려 보고 줄거리 만드는 것도 재밌고. 얼마 전에 웹툰 비슷하게 그려서 SNS에 올렸는데 반응도 좋았고, 잘할

/ 손정은

수 있을 거 같아'라는 생각을 할 수도 있다. 이렇게 '내가 좋아하는 일=내가 잘할 수 있는 일'을 찾아보자. 적극적으로 생각하고 간접 경험이라도 계속해라. 그래야 나중에 적성에 맞지 않는 과나 직업을 선택하고 뒤늦게 후회하는 일은 없을 것이다.

나는 누구인가

나는 누구인가. 나를 둘러선 사람들은 어떤 사람들인가. 이런 한가로운 생각을 할 시간이 어디 있냐고 하겠지만 삶의 방향성을 정하는 데 있어 자신과 주변을 돌아보는 것은 중요하다. 일단 내가 태어난 날부터 지금까지를 돌아보자. 행복했던 기억, 슬픈 기억, 너무 상처가 되어 생각하고 싶지 않은 일들까지. 그런 상처도 다 꺼내 봐야만 치유가 된다. 그리고 오늘의 내 모습을 더 잘 알 수 있다. 자신의 경험에서 미래가 나온다. 어렸을 때부터 항상 뉴스와 시사 프로를 보시던 부모님의 영향을 받아 언론인이 되고 싶다고 생각할 수도 있고, 반대로 그런 환경에서 갑갑함을 표출할 통로를 찾다가 사회의 부조리를 예술로 승화시키는 가수나 화가가 될 수도 있다. 키워 주신 할머니나 할아버지가 아픈 모습을 보며 의사나 간호사, 사회복지사가 되어 아픈 노인들을 잘 치료해 줄 수 있는 시스템을 만들어야겠다는 마음이 들 수도 있다. 만약 이타적인 사람이라면 다른 사람의 삶에 관심을 가지고 사회 공헌에 헌신해 보고 싶다는 생각을 할 수도 있다. 내 주변의 사랑하는 사람들에게 나는 어떤 존재이고, 그들은 나에게 어떤 존재인지 생각해 보고 나아가 그들을 배려하고 사랑하는 사람으로 성장해 나가는 것이 중요하다.

스펙만 많이 쌓는다고 정답은 아니다

이제 스펙으로만 승부 보던 시절은 지나갔다. 학점, 토익, 토플, 자격증, 어학연수, 봉사활동, 공모전 등. 모든 게 만점이어도 막상 일 시켜 보니 잘 못하는 직원들이 많다. 내가 좋아하는 일이자 잘할 수 있는 일을 찾았다면 그쪽 일과 관련된 '남들이 많이 안 한 경험'을 만들어라. 사실 크게 관련이 없다 하더라도 나중에 봤을 때 도움이 될 거 같다면 시도하라. 예전에 방송국 피디와 이런 대화를 나눈 적이 있었다. "선배님이라면 어떤 후배를 뽑고 싶으세요?", "원양어선 한 달 타 봤다는 아이. 특별한 경험이잖아. 배운 것도 많았을 거고." 꼭 원양어선을 타 본 사람만을 원한다는 말은 아니었다. 그만큼 자신만의 스토리텔링이 중요하다는 뜻이다. 특별한 경험을 많이 하면 자신만의 노하우가 생기고, 진로에 대한 분명한 방향성이 생긴다.

특히 여행은 좋은 자양분이 된다. 여행 갈 여유가 없다면 많은 국내 박물관이나 미술관에 다녀 보라고 말하고 싶다. 수백 개의 전시관에 다니면서 얻는 간접 체험도 만만찮은 내공을 줄 것이다.

/ 손정은

갈수록 중요해지는 전문성, 나만의 콘텐츠

얇고 넓게 아는 제너럴리스트(generalist)와 한 가지 분야를 깊게 아는 스페셜리스트(specialist) 중 누가 더 유리해질까? 이제는 스페셜리스트, 전문가의 시대다. 웬만한 정보와 지식은 인터넷 검색하면 다 나오고 방송에서도 사건이 있을 때마다 그 분야의 전문가를 모시는 일이 많아졌다. 요즘 유튜브, 팟캐스트 등 전문가들이 하는 방송은 큰 인기를 끈다. 일반인이어도 인터넷 방송에서 영화평론가, 도서평론가, 메이크업 아티스트, 요리사, 외국어 선생님을 자처하는 사람들이 많아졌다. 이들이 가지고 있는 것이 바로 콘텐츠다. 그 분야에서 끝없이 이야기할 수 있는 전문성을 가지고 있다. 한 분야를 오래, 꾸준히 해 나가면 어느새 그 분야의 전문가가 된다. 여러분이 평생을 가지고 꾸준히 하고 싶은 일을 생각해 보자. 흥미를 가지고 하다 보면 어느새 남들보다 많은 걸 알고 있게 된다. 그리고 좀 더 욕심을 내자면 사회에서 인정해 줄 수 있는 성과를 보여 주면 더 좋다.

방송인에게도 전문성이 요구되고 있다. 북한 전문 기자, 경제 전문 기자, 스포츠 전문 아나운서 등 한 분야를 꾸준히 공부하는 사람들이 더 오래, 많은 활동을 할 가능성이 높다.

전문성 이야기에서 좀 더 확장해 보자. 언론인에게 필요한 덕목은 무엇일까? 내가 좋아하는 책 중 하나가 새뮤얼 프리드먼의 『Letters to a young journalist』(미래의 저널리스트에게)인데 그곳에 나

청소년들이여, 비전을 가져라

오는 두 구절을 소개한다.

  젊은 예비 저널리스트인 당신에게 내가 요구하는 것은 세상에서 잠시 비껴 선 채 오도카니 세상을 관찰하다가 인간적 취약점이나 들춰내고 냉소적 비판을 퍼부으라는 게 아니다. 내가 요청하는 도덕적 저널리즘은 진정 그 사회와 시대의 증언자 역할에 성실하라는 주문이다. 인간이 연출해 내는 위대한 성취의 순간을 함께하며, 사회부패와 정치부패에서 보이는, 즉 인간이기 때문에 벌어지는 타락 앞에 용기 있게 입을 열라는 것이다.

  남편 혹은 아내를 잃은 사람들, 아빠와 엄마를 잃어 졸지에 고아 신세가 된 어린아이들, 반대로 아이를 잃어버린 부모들의 찢어지는 가슴을 기자가 느끼지 못한다면, 그 아픔을 기사로 제대로 옮길 수 없다면 그것이야말로 비인간적인 기자의 모습이다. 아니, 기자로서 실패한 것이라고 나는 단언할 수 있다.

  방송에 10여 년간 몸담으며 많은 뉴스를 접했던, 또 많은 현장을 목격했던 내가 가장 중요하게 생각하는 두 가지는 바로 이것이다. 부정부패와 부당함에 당당하게 입을 열 수 있는 용기, 그리고 인간에 대한 따뜻한 시선. 이것들은 간단해 보이지만 현실에서 실천하기에 매우 어려운 일이다. (실제로 이렇게 산다는 것은 얼마나 많은 희생과 노력이 따르는지 감히 상상하기 어려울 정도이다.) 하지만 언론인이라면 이 두 가지를 가슴속에 품고 살아야 한다고 생각한다.

특히 두 번째 구절을 보자. 비극적인 사건 앞에서 '냉정한 객관성'과 '인간의 가슴' 사이에서 갈등하게 될 수도 있지만 그 무엇보다 중요한 건 '인간으로서의 따뜻한 가슴'이다. 비극적인 일을 당한 사람을 취재할 때 어느 정도 거리를 유지하는 것은 필요하지만 그 이야기에 공감하기 못하고 단순히 취재만 잘하려는 목적으로 취재원을 대하는 것은 좋은 언론인이라 할 수 없다.

그러나 한번 생각해 보자. 굳이 언론인이 아니더라도 다른 사람의 이야기에 공감하고 함께 나누는 일은 얼마나 중요한가. 우리는 세상을 살면서 나 혼자만 잘살고 나 혼자만 성공하면 된다는 생각을 버려야 한다. 무인도에 혼자 살게 아니라면 세상에서 수많은 사람들과 마주하며 함께 사는 것이 인생이다. 그러므로 '인간을 향한 따뜻한 시선'은 반드시 필요하다.

비전(vision)의 중요성

인생을 살면서 어떤 것들에 의미를 두고 살 것인가? 삶 속에서 어떤 가치나 의미를 두는 일은 정말 중요하다. 그래야 힘든 풍파가 닥치거나 인생이 뜻대로 되지 않을 때 이겨 낼 수 있는 힘이 생긴다.

아나운서 지망생에게 이런 이야기를 들은 적이 있었다. 한 아나운서 지망생은 어렸을 때부터 1등을 놓치지 않았고 좋은 대학에 들어갔다. 얼굴도 예뻐서 연예인 소리를 들을 정도였는데 이 친구가 아나운서 시험에서 내리 낙방을 한 것이다. 실패를 한 번도 경험해 보지 못했던 그 아이는 결국 극단적인 선택을 하고 세상을 떠났다. 이 이야기를 듣고 얼마나 충격적이고 안타까웠는지 모른다. 인생은 한 가지 직업이나 학과, 등수 등으로 결정되는 게 아닌데. 만약 이 친구가 어디에 가치를 두고 살 것인지 좀 더 진지하게 고민했더라면 아나운서가 아니더라도 얼마든지 다른 일을 통해 가치를 실현할 수 있었을 것이고, 편협함보다는 실패를 받아들이는 넓은 여유가 있었을 것이다.

아나운서가 되었다 하더라도, 비전을 갖고 있지 못하면 괴로운 건 마찬가지이다. 프로그램이나 역할이 비중이 있느냐, 없느냐에 따라 천국과 지옥을 왔다 갔다 한다. 아무리 실력이 뛰어나고 인기가 있어도 평생 한 프로그램에서 같은 역할을 할 순 없는 노릇이다. 비전 없이, 방송 출연에만 집착하면 인생은 살기 힘들고 피곤해질 뿐이다.

내가 신입 때 쓴 글 하나를 보여 주려고 한다.

나는 방송을 통해 사람들에게 희망을 전달하고 싶다. 그것은 희망적인 뉴스를 하고, 사회봉사를 많이 한다고 해서 얻어지는 것이 아니다. 반드시 그 이상의 무언가를 내 마음속에 가지고 있어야 한다. 그래서 시청자들이 화면을 통해 날 봤을 때, '저 사람은 참 행복해 보이는구나' 뿐만 아니라 '저 사람을 보면 기분이 좋아져, 왠지 용기가 생기는 것 같아'라고 느낄 수 있는 사람이 되고 싶다. 손정은이라는 사람을 통해, 다른 사람에게 삶의 희망을 불어넣어 주고 그 영혼을 살리고 싶다.

패기와 열정만 넘치던 신입 때 쓴 글이라 지금 보니 많이 부끄럽다. 하지만 이 생각의 본질만큼은 지금도 변함없다. 방송을 통해서가 아니더라도 사람들에게 희망을 주는, 용기를 주는 사람이 되고 싶은 마음. 그러기 위해선 내가 먼저 진정으로 행복해야 한다. 이게 얼마나 어려운 일인가? 내 마음을 다스릴 줄 알아야 하고, 내 주변 사람들을 진심으로 돌아볼 수 있어야 하고, 나의 실패도 극복할 줄 알아야 하고, 인간에 대한 따뜻한 시선을 가져야 하고, 다른 사람의 아픔에 진심으로 공감할 수도 있어야 한다.

구체적인 비전을 가져라.

디자이너가 되어 작은 것이라도 세상을 바꿀 수 있는 예술이나 디자인을 하고 싶다. 나의 디자인이 타인에게 도움이 되었으면 좋겠다.

사회 현상과 경제 흐름을 공부해 사회적 안전망을 도입하고 싶다. 더 나아가 빈부격차를 줄일 수 있는 안전망을 개발하고 싶다.

인권 분야를 공부해 기본권을 보장받지 못하고 어려움을 겪는 사람들에게 큰 힘이 되는 인권운동가가 되고 싶다.

아이들에게 올바른 교육을 제공하기 위해 교육 재단을 설립하고 싶다.

광고인으로서 더 나은 사회를 만들기 위한 광고와 캠페인을 제작해 보고 싶다.

기술직 공무원이 되어 국가주요시설물의 계획과 건설을 하고, 약자를 배려하고 예산을 낭비하지 않는, 사회에 쓰임받는 사람이 되고 싶다.

사회복지기관을 세워 사각지대에 놓여 있는 인간에 대한 존중을 실천하고 싶다.

방송취재기자가 되어 사회 취약계층의 삶에 대해 알리고 싶다. 나아가 장애인/비장애인 편견 없이 모두가 함께 살아가는 사회를 만들고 싶다.

대중문화평론가가 되어 대중에게 올바른 문화의 이해와 진리를 전파하는 활동을 주도하고 싶다.

피아니스트가 되어 전 세계를 다니며 희망을 연주하고 싶다. 나같이 어려운 환경에 놓여 있고 장애가 있어도, 포기 않고 노력한다면 훌륭한 예술가가 될 수 있다는 것을 보여 주고 싶다.

청소년들에게 보고 들은 훌륭한 비전들이다. 이 비전들의 공통점이 보이는가? 결국 나만 성공하는 것이 아닌 내 주변과 사회, 세상이 함께 행복해지길 바라는 마음이다. 이런 꿈을 품을 때 인생은 더 행복해진다. 큰 생각을 가지고 인생을 살면 꼭 그 직업,

그 대학, 그 학과가 아니어도 비전을 실현시키며 살 수 있는 많은 방법이 있다는 것을 알게 된다.

청소년들이여, 비전을 가져라.
뜨거운 열정과 자신감, 긍정적 마음을 가져라.
오늘 하루에 좌절하지 말고 실패를 두려워 말라.

마지막으로 인생의 무게가 너무 무거웠을 때, 크게 위로받았던 성경 구절 하나를 소개한다.

수고하고 무거운 짐 진 자들아 다 내게로 오라 내가 너희를 쉬게 하리라
나는 마음이 온유하고 겸손하니 나의 멍에를 메고 내게 배우라 그리하면 너희 마음이 쉼을 얻으리니 이는 내 멍에는 쉽고 내 짐은 가벼움이라 하시니라

— 마태복음 11장 28~30

청소년들이여, 비전을 가져라

이은희

'하리하라'라는 필명으로 과학을 알리는 일을 하고 있는 과학커뮤니케이터. 생물학을 전공한 연구원이었다가 우연한 기회에 글 쓰는 재미를 알게 되어 2002년 『하리하라의 생물학카페』로 데뷔한 이후 전업 작가이자 과학커뮤니케이터가 되었다. 직업이었던 생물학이 관심 대상으로, 취미였던 글쓰기가 직업으로 역전된 삶을 살아가게 되었고, 이름보다는 '하리하라'라는 필명이 더 익숙하지만, 그럭저럭 바뀐 삶에 만족하며 살아가고 있다. 현재 과학에 관련된 글을 쓰고 방송을 하면서, 과학전문서점 '갈:다'를 준비하고 있다.

11

과학, 21세기의 교양

요즘에는 초등학교에서 다양한 방과후 수업이 이루어지고 있는데요, 여러 활동 중에 1,2학년에게 가장 인기 있는 활동을 고르라고 하면 '과학 교실'은 단연 다섯 손가락 안에 꼽힙니다. 심지어 저학년의 경우에는 희망자가 수강 인원보다 넘쳐서 추첨을 하거나 가위바위보를 해서 수업을 듣는 경우가 비일비재하지요. 그렇게 추첨에서 떨어진 아이들은 아쉬움에 눈물까지 보이곤 하는데요, 이상하게도 하늘을 찌를 듯했던 방과후 과학 교실의 인기는 초등생들이 정식으로 과학을 배우기 시작하는 3학년을 기점으로 시들해지기 시작합니다. 그래서 고학년을 위한 '과학 교실'에는 늘 여유가 있기 마련이며, 이와 동시에 과학을 좋아한다는 학생들의 비율도 급격히 떨어지기 시작하지요. 성인이 되면 더욱 심해집니다. 그나마 학창 시절에는 시험을 보고 평가를 하기에 좋아하지 않아도 공부하기는 하지만, 시험과 입시에서 벗어난 성인들은 과학에 대한 흥미는 물론이거니와 관심도 자체를 잃어버리는 경우가 대부분입니다. 하지만 지금 우리가 살아가는 21세기는 그 어느 때보다도 과학의 중요성이 강조되는 세상이며, 하루가 다르게 새로운 과학적 결과물들이 쏟아져 나오는 세상입니다. 이상하지요, 한쪽에서는 과학이 중요하다고 강조하고 실제로 우리도 피부로 그것을 느낌에도 불구하고, 여전히 많은 사람들의 과학에 대한 인식은 중학교 2학년 수준을 벗어나지 못하고 있으니까요? 과학을 둘러싸고 얽히고 꼬인 실타래는 도대체 어디서부터 풀어야 하는 것일까요?

과학이란 무엇인가

엉켜 버린 실타래는 한 가닥씩 풀어 나가야지, 섣불리 덤비다가는 더 꼬이기 십상이지요. 그러니 먼저 과학이라는 단어의 의미부터 짚고 넘어가 봅시다.

과학, 참 많이 듣는 말입니다. 여러분은 '과학'이라는 단어를 들었을 때, 가장 '과학적인 장면'으로 어떤 이미지가 떠오르나요? 저는 강연을 할 때마다 이 질문을 하는데, 그러다가 흥미로운 사실을 하나 깨달았습니다. 세대, 성별, 지역, 교육 수준 등등 모든 차이에도 불구하고 사람들이 과학에 대해 가지는 이미지가 거의 일치한다는 것이었습니다. 사람들이 '과학'이라는 단어를 들었을

/ 이은희

때 가장 많이 떠올리는 것은 바로 이런 장면입니다. 즉, 실험복을 입은 과학자(주로 남성입니다)가 연구실에서 알 수 없는 시약을 뒤섞는 이미지 말입니다. 때로는 시약 대신 현미경이나 복잡한 기계 장치가 등장하긴 하지만, 실험실과 과학자라는 두 가지 조건은 반드시 등장하지요.

두 번째로 많이 떠올리는 장면은 첨단 기술의 결과물들입니다. 인간형 로봇, 우주비행선, 자율운행 자동차, 가상현실 공간 등 우리 삶을 편리하게 해 주고 인간의 한계를 넘어서게 해 주는 다양한 장치들을 떠올리는 것이죠. 보통 이 두 가지 경우가 아닌 과학적 이미지를 상상하기는 쉽지 않습니다. 다시 말해 과학만큼 고정관념이 강한 것도 없다는 것이죠. 이 고정관념들이 의미하는 바는 상당히 명확합니다. 과학이란 과학자들이 하는 것이며, 그 속내는 알 수 없으나, 결과는 우리 삶을 편리하게 바꿔 준다는 것이죠. 그럼 여기서 다시 질문을 바꿔 보지요. 이것이 과학의 전부일까요?

만약 그렇다면 과학자가 아닌 사람들이 과학을 배워야 할 이유가 전혀 없습니다. 우린 과학자들이 하는 대로 내버려 두고 있다가 굿이나 보고 떡이나 먹으면 될 일이니까요. 그렇다면 이 과학자들이나 하는 과학을 정규 교과목에 넣어 두어 최소 10년에 가까운 세월 동안 머리를 쥐어뜯게 만들었던 것일까요.

그러게나 말입니다. 이 억울함의 근원을 밝히려면 먼저 과학이 어떤 의미를 가지고 있는지 분명히 알 필요가 있습니다. 국립

국어원에서 펴낸 표준국어대사전을 살펴보면 '과학'이란 '보편적인 진리나 법칙의 발견을 목적으로 한 체계적인 지식'으로 좁게는 '자연과학'을 의미하는 말이며, 넓은 뜻으로는 '모든 학(學)을 이른다'라고 나와 있습니다. 쉽게 말하자면, 각자 세상에서 일어나는 일들 중에서 우연이나 요행으로 벌어지는 일들이 아니라, 일정한 패턴을 가지고 반복되는 일, 그중에서도 이 패턴이 가능함을 논리적으로 설명할 수 있는 법칙을 찾아내는 일이라는 뜻입니다. 다시 말해. 과학은 모든 학문을 아우르는 말이라는 뜻입니다. 이 뜻은 과학의 영문 명칭인 사이언스로 가면 더 분명해집니다. 애초에 Science라는 말은 '알다'라는 뜻의 그리스어 scio에서 유래된 말입니다. 여기서 '아는 것'이라는 단어인 scientia라는 말이 나왔고, 이것이 science의 어원이 됩니다, 그래서 소크라테스는 SCIO ME NIHIL SCIRE(I know that I know nothing. 나는 내가 아무것도 알지 못한다는 것을 안다)라고 말한 바 있는데, 여기서 말하는 scio가 바로 '알다'라는 말입니다. 이 단어에서 '아는 것, 지식'을 뜻하는 'scientia'란 단어가 나왔고, 그 단어에서 science가 유래되었다는 말은 science란 말은 태생 자체가 '아는 것'이라는 의미라는 뜻이 됩니다. 과거에는 과학이란 단어가 오히려 지금보다 더 넓은 의미였던 것이죠. 그리고 당시에는 우리가 지금 '과학'이라고 부르는 영역은 자연철학(natural philosophy)라고 불렀답니다. 즉, 과학은 단순히 우리가 물리/화학/생물/지구과학으로 구분 짓는 4가지 영역뿐 아니라, 이 세상에 존재하는 모든 것들을 아우르는 가장 기

/ 이은희

본적인 학문이라는 뜻이 숨어 있습니다.

과학의 원래 의미가 '아는 것'이었다는 사실은 이 점에서 다시 의미심장해집니다. 과학이란 결코 교과서 속에 갇혀 있거나, 과학자들만의 전유물이 아니라, 이 세상을 살아가는 모든 사람들이 세상을 바라보는 하나의 사고방식이 될 수 있습니다. 그것도 여러모로 꽤 쓸모 있고 유용한 삶의 전략이 될 수 있을 겁니다.

변화하는 진실이 가지는 의미

일반적으로 과학을 수식하는 두 단어가 있습니다. 그중 하나는 과학은 '진리'라는 것입니다. 이는 저 멀리 갈릴레이의 일화까지 거슬러 올라갑니다. 지동설을 주장했다가 종교 재판을 받고 목숨을 건지기 위해 억지로 지동설을 부정했던 갈릴레이가 재판정을 돌아 나오면서 '그래도 지구는 돈다'라고 말했다던 일화가 있습니다. 갈릴레이가 실제로 이 말을 했는지 여부를 두고 논쟁이 있기는 하지만, 이 일화가 보여 주고자 하는 바는 분명합니다. 사람들이 어떻게 바라든 어떻게 믿든 어떻게 부정하든 간에 과학적 진실은 바뀌지 않는다는 것이죠. 그렇기 때문에 과학적으로 증명되었다는 말에는 '확고부동한 진리'라는 이미지가 강합니다.

그런데 우리는 과학을 일컬어 이렇게 말합니다. 과학은 발전한다고 말이죠. 실제로 과학의 역사를 보면 시간이 흐른 뒤, 새로운 사실이 밝혀지면서 이전의 이론이 폐기되고 새로운 이론으로 대

체되는 과정을 어렵지 않게 볼 수 있습니다. 그런데 과학을 수식하는 두 단어인 '진리'와 '발전한다'는 말은 사실 모순입니다. 어떤 것이 진리이기 위해서는 이는 가능하면 변치 말아야 합니다. 때에 따라 이랬다저랬다 했다가는 진리로써의 가치가 떨어지니까 말이죠. 하지만 '발전'이라는 말 속에는 반드시 변화가 내포되어 있습니다. 어떤 것이 변하지 않고 그대로 있다면 결코 발전할 수 없을 테니까요. 그러니 '진리'와 '발전'은 서로 모순 관계에 있지요. 이것을 제대로 짚고 넘어가지 않으면, 혼란스러워집니다. 과학적으로 증명되어서 믿을 만하다더니 이제는 과학이 발전해서 과거의 것은 잊고 새로 배워야 한다면? 그렇다면 지금 과학적으로 증명되었다는 것을 받아들여야 할 이유가 뭘까요? 어차피 세월이 지나면 바뀔 터인데.

이를 이해하기 위해서는 과학적 원리들이 어떻게 발견되는지 알아야 합니다. 과학적 법칙들은 꼭 그런 것만은 아니지만, 기본적으로 귀납(歸納)적 추론을 통해 만들어집니다. 귀납적 추론이란 개별적이고 경험적인 사례로부터 확장된 일반 명제를 이끌어 내

/ 이은희

는 것입니다. 학창 시절 연역명제, 귀납명제 할 때 배웠던 그 귀납명제입니다. 소크라테스는 죽는다, 나폴레옹은 죽는다, 세상 모든 인간은 죽는다, 그러니 나도 죽을 것이다, 라는 논제를 이끌어내는 것이죠. 이 귀납적 추론 방법을 이용한다는 것이 과학적 진리와 발전 모순의 기본이 됩니다.

예를 들어 볼까요? 까마귀라는 새가 있습니다. 이 새는 무슨 색일까요?

이름이 까마귀이니 까만색이겠지요. 하지만 과학자들은 이를 법칙화시키기 위해서는 이름만으로 추측하는 것이 아니라, 실제 까마귀를 관찰해 확인하는 방법을 선호합니다. 물론 이는 누구나 할 수 있습니다. 이때 일반적인 확인과 과학적 증명의 차이는 증거를 얼마나 다양하고 분석적으로 확보하느냐에 있습니다. 과학자들은 할 수 있는 한 최대한의 까마귀를 관찰하려고 합니다. 그래야 혹시나 있을지 모를 실수를 줄일 수 있으니까요. 증거만 확인하는 것이 아닙니다. 까마귀가 까말 수밖에 없는 논리적 근거도 필요합니다. 즉, 검은색을 띄는 멜라닌 색소 때문이라는 것이죠. 이렇게 충분한 증거와 논리적 뒷받침이 결합되면, 비로소 이론이 만들어집니다. 이처럼 귀납은 실질적인 증거를 제시합니다. 그래서 믿을 만하긴 하지만, 오히려 그렇기 때문에 한계를 가집니다. 내가 아무리 많은 수의 까마귀를 관찰했다고 하더라도 나는 신이 아니기 때문에 세상 모든 까마귀를 다 볼 수는 없습니다. 그러니 언젠가 누군가에게 반박당할 가능성은 충분히 있습니다.

선천적으로 멜라닌 색소 유전자가 결핍되어 흰색을 띄는 알비노 까마귀

'우리 동네 까마귀는 까맣지 않고 하얀색이던데 이걸 어떻게 설명할 거냐?'라고 말이죠. 이렇게 증거 사진까지 붙여서 온다면 더욱 당황스러운 상황에 놓이게 됩니다. 하지만 이때 가장 먼저 해야 할 일은 싸우거나 꼬리를 내리는 것이 아니라 증거의 신빙성을 검증하는 것입니다. 반박 증거를 제시한 쪽도 실수를 했을 가능성이 있고-까마귀가 아닌 비슷한 새를 까마귀로 착각했다든가-, 혹은 검은 까마귀를 하얗게 탈색하거나 하는 방법으로 조작했을 수도 있습니다. 내가 어떤 태도를 취할지는 증거가 충분히 검토된 이후에 해도 늦지 않습니다. 그런데 증거를 검증해 봤더니 이 까마귀는 실수도 아니고 조작도 아닌 진짜로 하얀 까마귀라면요? 이 경우 과학자들에게 가장 바람직한 방법 중 하나는 보조가설을 도입하는 것입니다. 즉, '까마귀는 까맣다'라는 기존의 법칙은 그대로 둔 채 흰 까마귀의 경우를 논리적으로 설명할 수 있는 보조적인 가설을 추가해 이론을 지키는 방법이지요. 가장 많이 사용되는 방법입니다. 드물지만, 새로 발견된 증거가 기존의 법칙과 공존할 수 없는 모순 관계에 있어서, 기존의 법칙이나 이론을 폐기하고 새로운 논리적 설명을 찾아야 할 때도 있습니다. 어쨌든 어떤 방법을 사용하든 이론은 변화될 수밖에 없습니다. 하지만 그 변화 역시도 증거에 기반한 변화입니다. 여기서 과학의 위력이 드러납니다. 과학은 '아는 것'이므로, 그 전에 우리가 '모른다'는 것을 인정합니다. 그래서 한계를 인정합니다. 지금 우리는 여기까지 알고 있으니까, 이를 토대로 결과를 받아들이겠다. 하지만 이 결과는 증거로부터 추론된 것이기 때문에, 새로운 증거가 나온다면 얼마든지 이를 바탕으로 새로운 추론을 받아들이겠다는 열린 마음입니다. 즉, 과학은 증거에 따라 '변화하는 진실'입니다. 증거가 바뀌었는데도 기존의 결과를 고수하는 것은 어리석은 아집에 불과하다는 것이 과학적 태도의 가장 기본입니다. 즉, 과학이란 내가 모든 것을 알지 못한다는 것을 겸허히 인정하고, 이를 바탕으로 더 알고자 노력하는 것. 그것이 바로 과학의 알파이자 오메가인 셈이죠.

과학적으로 사고하는 방법의 중요성

20세기 초, 영국의 등반가인 조지 말로리는 왜 험한 에베레스트 정상을 등반하기 위해 나서느냐는 누군가의 물음에 "그저 산이 그 곳에 있기 때문입니다"라고 말한 바 있습니다. 비록 조지 말로리는 에베레스트 정상에 서지 못하고, 히말라야 산 중턱 어딘가에서 숨을 거두었지만, 이 말만은 오래도록 남아 사람들에게 명언으로 회자되고 있습니다. 사람들은 산이 거기 있기 때문에 오른다는 그의 말에서 순수한 열정을 느끼고 감동을 받습니다. 그리고 삶의 많은 곳에서 이런 태도를 적용하곤 합니다. '여러 가지 어려움에도 불구하고 난 그 것이 좋아서 한다'라는 듯한 태도지요. 그러면 과학을 배우는 데도 이 말이 적용될 수 있을까요? 과학은 너무도 난해하고 어렵고 복잡하지만, 그래도, 과학이 내

눈 앞에 있으니까 배워야 한다는?

물론 과학을 전공하시는 분이라면 이 말이 무슨 뜻인지 직관적으로 이해되실 수도 있습니다. 과학자에게 있어 과학을 한다는 것은 수많은 어려움에도 불구하고 과학만이 채워 줄 수 있는 지적이고 창의적인 욕구에 대한 만족감이 분명히 존재하며, 이 즐거움이 무엇인지 아는 사람이 또한 과학자가 됩니다. 그렇다면, 과학자가 아닌 사람들도 그래야만 할까요? 과학을 한다는 것이 도대체 어떤 일인지, 어떤 이유로 배워야 하는지도 모르는 채, 그저 '21세기는 과학의 시대이니 배워야 할 뿐'이라는 말로만 덤비는 것이 과연 올바른 접근법일까요?

당연히 아닐 겁니다. 그래서는 배움의 효율이 떨어지는 건 고사하고, 배움의 목적 자체가 사라지게 될 테니까요. 우리는 먼저 알아야 합니다. 우리가 과학을 왜 배우는지를 말이죠. 사실 과학을 배워야 하는 가장 큰 이유는, 과학적 사고방식이 일상생활에서 접하는 많은 문제들을 해결하고, 문제의 본질을 바라보는 데 있어 매우 유용한 사고방식이기 때문입니다.

문제해결을 위한 4가지 사고방식

언젠가 아이에게 나무로 만든 일종의 테트리스 퍼즐을 사 준 적이 있습니다. 직사각형 나무판에 여러 개의 블록 형태의 나무 조각들을 빈틈없이 끼워 맞추는 것인데, 아이는 이 새로운 장난감에 흥미를 느끼고는 주어진 문제─퍼즐판을 맞추는 것─를 해결하려는 시도를 시작했습니다. 그런데 과연 아이는 어떤 과정을 통해 문제를 해결하려 할까요?

무엇인가 해결해야 할 문제에 부딪친 사람들은 크게 네 가지 방식으로 문제 해결을 시도하려고 합니다. 그건 비단 아이뿐 아니라, 어른도 마찬가지입니다. 문제 해결 방식으로 가장 먼저 선택되는 건 관습적 방법에 의한 접근법입니다. 관습적 방법이란 말 그대로 따로 생각하거나 고민하는 대신 관습적으로 전해지는 지침을 무조건 받아들이는 것입니다. 아이도 처음에는 그랬지요. 아이는 처음에는 초록색 블록을 골랐습니다. 초록색을 가장 좋아하기 때문이기도 하지만, 이전에 비슷한 다른 퍼즐에서 초록색을 가장 먼저 사용해 맞췄던 기억을 가지고 있기 때문이기도 했습니다. 물론 관습적 방법이 모두 나쁘다는 것은 아닙니다. 사실 많은 관습적 방법들은 처음 만들어졌을 때는 나름 의미가 있는 방법이었던 경우도 적지 않습니다. 하지만 상황이 변했음에도 불구하고 변화하지 않고 그대로 남게 되면 대부분은 의미를 상실하게 됩니다. 이번에도 마찬가지였습니다. 이전에는 문제 해결에 초록색이 도움이 되었다고 하더라도 패턴이 달라지면 소용이 없습니다.

두 번째는 권위에 의한 접근법입니다. 자신보다 낫다고 생각되는 권위자에게 의존하는 것이죠. 아이도 문제가 해결되지 않자 곧 엄마에게 도움을 청했지요. 물론 해당 분야에 경험이 많고 노련한 권위자의 말을 조언으로 삼는 것은 좋습니다. 부족한 경험

/ 이은희

과 좁은 시야에서 오는 한계를 전문가의 풍부한 경험과 넓은 식견으로 극복할 수 있기 때문입니다. 하지만 전문가의 범위가 맞지 않으면 문제는 오히려 커질 수도 있습니다. 해당 분야의 전문가가 아니거나 전문 지식이 있는 사람이 아니라 그저 유명한 사람의 말을 해당 분야 전문가의 조언과 동일시하는 경우에 이런 문제가 생기기 쉽습니다.

세 번째는 직관에 의한 방법입니다. 직관이란 자신이 인식하는 것을 그대로 받아들이는 것입니다. 적어도 직관에 의한 방법은 관습적 방법이나 권위에 의한 접근법과는 달리 판단의 주체가 남(전통적 관습, 권위자)이 아니라 내가 주체가 된다는 점에서 의미를 지닐 수 있습니다. 아이도 퍼즐판이 정사각형 3개로 구성되어 있다는 것을 깨닫고 먼저 정사각형을 만들려고 했지요. 하지만 직관적 방법은 '그럴 듯'해 보이지만, 실제적으로 '그런 것'인지 보증하지는 못한다는 태생적 한계를 지니기에 틀릴 수 있습니다. 물론 나무판이 정사각형 3개를 더한 모습으로 이루어지긴 했지만 그 나무판을 채우는 방식은 꼭 정사각형을 먼저 만들어야만 하는 것은 아니었기 때문에 문제는 여전히 해결되지 않았답니다. 직관적인 방법은 번뜩이는 아이디어의 포착이 가능할 수도 있지만, 늘 그런 것은 아니기에 확고한 해결법은 못 됩니다.

마지막으로 네 번째 방법은 바로 과학적 방법에 의한 접근법입니다. 일반적으로 과학적 방법론은 문제 인식 → 가설 설정 → 가설 검증 및 수정 → 법칙 수립 → 적용으로 이어지는 과정을 거

과학, 21세기의 교양

칩니다. 이 방법은 앞서 가설을 수립하기 위해 논리적 인과관계를 파악해야 하고, 가설을 검증하는 과정에서 비판적 분석이 필요하기에 다른 방법들에 비해 최선의 해결에 접근하기 유리합니다. 아이는 블록 조각들을 노려보더니 그중 가장 큰 조각부터 시작해 차례로 작은 조각들 순서대로 나무판에 끼워 넣기 시작합니다. 그리고 조각들을 뒤집거나 좌우반전시켜서 돌리기도 합니다. 정해진 크기의 판을 채울 때, 작은 블록들은 좁은 공간에도 잘 들어가므로 나중에 끼워도 되지만 큰 블록들을 자투리 공간에 넣기 쉽지 않기 때문에 먼저 채워야 한다는 것과 좁은 틀 안에 모든 블록들을 집어넣기 위해서는 두 개의 블록이 맞닿는 부분만이 아니라 전체 블록들의 요철이 모두 맞아야 함을 깨달았던 것입니다. 그리고 이 방법을 사용한 뒤, 아이는 드디어 시행착오를 끝내고 퍼즐판을 완성할 수 있었지요.

굳이 카를 포퍼의 말을 빌리지 않더라도 '삶은 문제 해결의 연속'임을 인생을 살아 본 사람이라면 다 압니다. 우리는 매순간 수없이 많은 문제들을 해결하며 살아갑니다. 사람들은 앞서서 이야기한 순서대로 판단을 내리며 살아가지만, 실제로 문제를 해결할 가능성이 높은 것의 순서는 반대입니다. 그 이유는 무엇일까요?

과학적 사고방식의 유용성

일반적으로 과학자들은 이런 방식으로 세상을 바라보는 버릇

/ 이은희

이 있습니다.

특정 현상이 반복됨이 인식되면, 이런 현상이 일어나는 이유에 대해서 논리적인 가설을 세우고, 이 가설을 증명하고, 확증하여 이론화하는 작업을 거친 뒤, 형성된 이론을 다시 현실에 적용해 현상을 설명하는 방식의 사고에 익숙합니다. 좀 어렵게 느껴지죠? 그러니 이를 일상에 맞게 좀 더 쉬운 단어로 바꿔 봅시다.

현상을 인식한다는 것은 거창한 게 아닙니다. 그건 바로 삶에서 '어?'를 느끼는 순간입니다. 흔히 과학자들은 창조적이고 호기심이 많아서 '왜?'라고 질문을 던지는 것을 좋아하고 잘하는 사람들이라고 생각하지만, 사실 '왜?'보다 더 중요한 건 '어?'입니다. 뭔가 이상한 것, 알고 있는 것과 다른 것, 신기하다고 생각하는 것이 이상하고 다르고 신기하게 느껴지는 것 자체가 '어?'입니다.

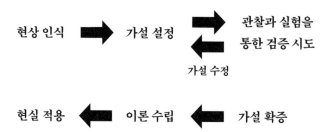

과학, 21세기의 교양

이 '어?'가 느껴져야만 질문을 하고 문제를 풀 마음이 생기는 것이지, 어떤 것도 신기하지 않고 어떤 것도 이질적이게 느껴지지 않는다면 애초에 궁금하지도 않기 때문입니다.

생각을 함에 있어서 '어?'가 중요한 이유는 이게 나와야 다음에 나올 '왜?'가 의미가 있어지기 때문입니다. 차이를 인식하는 '어?'가 나왔으니, 이제 '왜?'는 그 차이를 나타내는 원인에 주목할 테니까요. 눈동자 색으로 이야기해 볼까요? 왜 멜라닌이 낼 수 없는 파란 눈동자를 가진 사람들이 있는 걸까요? 아직 답을 알지 못하니 자유롭게 생각해 봅시다. 첫 번째는 멜라닌 외에 파란색을 내는 다른 색소가 존재할 것이다, 라고 생각할 수도 있고, 두 번째는 색소가 없어도 파란색을 내는 방법이 존재할 것이다, 라고 생각할 수도 있습니다. 생각은 누구나 할 수 있지만, 과학을 하는 사람들은 생각만으로는 만족하질 못 합니다. 이들은 기본적으로 '회의주의자'에 가깝기 때문에 실질적인 증거를 통해 증명해야만 직성이 풀리거든요. 흔히 증명의 방법으로는 실험만을 떠올리지만, 실험 외에도 관찰과 문헌 조사도 좋은 증명법이며, 현실적으로는 이미 다른 사람들이 제대로 관찰하고 실험한 결과들을 찾아보는 것만으로도 훌륭한 증명이 될 수 있습니다. 눈동자가 파란 이유를 다른 색소 때문이라고 생각하고 아무리 찾아봐도, 사람의 몸에서 파란색 색소를 만드는 유전자가 발견된 적은 없기 때문에, 이 가설은 틀린 듯합니다. 그럼 다시 '왜?'로 돌아가 가설을 수정해 다시 증명해 봅니다. 그럼 다른 방법이 있을까요?

/ 이은희

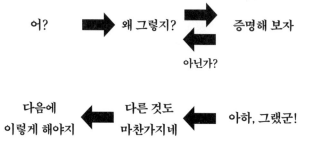

신기하게도 색은 반드시 존재해야만 보이는 것은 아닙니다. 즉, 파란색 색소가 없어도 파랗게 보일 수 있다는 것입니다. 하늘도 땅 위에서 보면 파랗지만, 막상 비행기를 타고 하늘로 올라가 보면 땅 위와 마찬가지로 그 주변은 투명합니다. 하늘이 파란 이유나 바닷물이 파랗게 보이는 이유는 그들이 색을 가져서가 아니라 그들의 구조적 형태 때문이죠. 하늘에는 우리 눈에는 보이지 않지만, 미세한 먼지들이 떠다니고 있지요. 여기에 햇빛이 비치게 되면 햇빛 속에 든 다양한 파장의 빛들이 이 먼지들과 부딪치게 됩니다. 햇빛은 얼핏 투명하게 보이지만, 실제로는 무지개색을 나타내는 파장들이 모두 섞인 혼합빛입니다. 그런데 태양에서 오는 빛이 우리의 눈으로 들어오려면 다양한 색을 띠는 파장들이 지구의 대기권을 통과해야 하는데 각각의 빛들은 공기 중의 미세한 먼지들의 입자들과 부딪치게 됩니다. 이 과정에서 상대적으로

파장이 긴 붉은 빛들에 비해 파장이 짧은 파란 빛들이 공기 중의 미세한 입자들과 자주 부딪치며 이리저리 튀게 됩니다. 그리하여 하늘 전체에서는 파란색을 띠는 파장의 빛들이 더 많은 공간을 차지하게 되고 땅에서 하늘을 올려다보는 우리의 눈에는 파란 파장의 빛들만 잔뜩 보이니 하늘이 파랗게 보인다고 생각하는 것이죠. 쉽게 말하면 이런 느낌이라고 할까요? 어떤 방 안에 열 개의 붉은 탁구공은 바닥에서 천천히 굴러다니고 열 개의 파란 탁구공은 빠른 속도로 여기저기 부딪쳐 튀고 있다고 상상해 봅시다. 만약 당신이 이 방문을 연다면 어떤 색의 탁구공이 먼저 보일까요? 아마도 파란색이겠죠. 하늘이 파란 이유는 이런 느낌이라고 생각하시면 됩니다.

사람 눈이 파란 것도 마찬가지예요. 사람 눈의 색깔은 홍채의 색이 결정하는데, 홍채 안에는 멜라닌 색소를 담고 있는 멜라닌 과립, 즉 일종의 멜라닌 주머니가 들어 있어요. 이 멜라닌 주머니 안에 얼마나 많은 멜라닌 색소가 들어 있느냐에 따라서 회색에서 갈색, 검은색의 눈동자 색이 정해지는데요, 파란색의 경우 멜라닌 과립은 있는데 안에 멜라닌 색소가 거의 들어 있지 않아요. 따라서 빛이 들어오면 멜라닌 주머니를 이루는 미세한 구조에 의해 파란빛이 더 많이 반사되면서 눈이 파랗게 보이는 것이죠. 그래서 백인들 중에는 어릴 때는 파란 눈이었다가 커서는 갈색 눈을 가지는 경우도 종종 있는데, 어릴 때는 아직 멜라닌 세포의 기능이 활발하지 못해 홍채 속의 멜라닌 주머니가 비어 있어서 파

/ 이은희

랗게 보이다가, 성장하면서 멜라닌 과립 안에 멜라닌이 채워지면서 눈 색깔이 변하는 것이죠. 반면 유전학적으로 멜라닌 세포가 전혀 만들어지지 않는 멜라닌 세포 결핍증의 경우에는 이 멜라닌 주머니조차도 홍채 속에 들어 있지 않기 때문에 눈 안쪽의 혈관의 색이 비쳐서 눈이 분홍이나 붉은색으로 보이기도 합니다.

이제 눈동자가 파란 이유는 설명되었습니다. 그럼 이를 확장시킬 수 있습니다. 눈동자뿐 아니라, 하늘처럼 색소가 없어도 파란색을 띨 수 있는 것은 빛의 파장과 반사로 인한 결과라는 사실을 말이죠. 이런 사실을 알고 있다면 이를 확장해서 적용하는 것도 가능합니다. 예를 들자면 바다에 넘실대는 바닷물은 분명 파랗게 보이지만 바닷물을 한 컵 떠서 보면 투명해 보입니다. 이 현상 역시 빛의 반사와 파장의 문제로 설명할 수 있는 것이죠.

일상에서 과학적 사고 적용하기

이처럼 과학의 기본은 일상에서 느끼는 '어?'라는 어긋남과 인식의 원인을 확인하고, 이 과정이 반복되는 패턴을 만들어 내는지를 확인하는 일입니다. 여기서 중요한 건 '확인'과 '패턴화'입니다. 살다 보니 뭔가 미심쩍은 것, 뭔가 마음에 걸리는 것, 뭔가 개운치 못한 것을 그냥 덮어 두고 묻어 두기보다는 물어보고 확인하고 알아보는 것이 실수와 오해를 줄이는 길이라는 사실을 저절로 깨닫게 되었다라고 생각되신다면, 바로 훌륭한 과학자의 마

과학, 21세기의 교양

음가짐을 가지게 되신 거죠. 이렇게 확인하는 과정이 반복되면서 여기서 패턴이 나타난다면, 더욱 좋습니다. 예를 들어 내가 누군가를 부르는 경우, 사람들이 대답을 하지 않는 경우가 있었다고 가정해 봅시다. 이런 것이 한두 번이라면 우연으로 치부하고 넘어갈 수 있지만, 계속해서 반복된다면 뭔가 원인이 있을 가능성이 높으니 확인이 필요합니다. 확인하지 않으면 내 생각이 맞는지 알 수 없으니까요. 만약 사람들이 내게 대답하지 않는 이유 중에 많은 것이 '못 들어서'라면, 내 목소리가 작거나 발음이 분명치 않을 수 있을 가능성이 큽니다. 그럼 다음에 누군가를 부를 때는 좀 더 크고 명확하게 불러야겠다고 마음먹을 수 있겠죠. 즉, 특정한 패턴이 반복된다면 다음에는 가장 가능성이 높은 것들부터 순서대로 문제 해결에 적용할 수 있으니 고민할 시간도 줄고, 문제를 해결할 가능성이 높아집니다. 물론 오해가 생길 가능성은 줄어들고요.

이처럼 과학적 사고방식은 학술적으로 의미가 있는 과학 이론을 세우거나 법칙을 찾아내는 거창한 것에서 뿐 아니라, 일상생활에서 일어나는 사소하고도 흔한 문제를 해결하는 데도 도움이 됩니다. 결국 과학적 사고방식이란 합리적 사고방식이며, 주어진 자원 속에서 최적의 결과를 추론해 내는 방법이기도 합니다. 그리고 그것이 우리에게 과학이 필요한 가장 중요한 이유이기도 합니다.

/ 이은희

참고 자료

『과학이란 무엇인가』, A.F. 차머스, 신중섭·이상원 공역, 서광사, 2003.
『악령이 출몰하는 세상』, 칼 세이건, 이상헌 옮김, 김영사, 2001.
『최무영 교수의 물리학 강의』, 최무영, 책갈피, 2008.
테드(TED) , 우리가 과학자를 믿어야 하는 이유
www.ted.com/talks/naomi_oreskes_why_we_should_believe_in_science/transcript?language=ko

김태권

그림도 그리고 글도 쓰고 가끔 사람 얼굴로 클레이도 빚지만 진정한 목표는 따로 있다. 어느 누구도 웃지 않을 수 없는 위대한 개그를 하기 위해 수십 년째 준비 중이다. 과연 성공할 수 있을지. 그리스 고전 문학을 대학원에서 공부하고 있다. 『김태권의 십자군 이야기』, 『르네상스 미술 이야기』 등의 만화와 여러 일러스트레이션을 그렸다. 현재 한겨레신문 『나는 역사다』 칼럼 연재 중.

12

영웅은 왜 모두 망했는가

그리스 신화에 대해 재미있게 글을 쓰기란 어렵다. 수천 년 동안 이렇게 저렇게 반복된 이야기라 그렇다. 아무리 양념을 버무려 입담 좋게 적어 보아도 읽고 보면 어딘지 식상한 느낌이다. 주인공 이름은 왜 그렇게 길고 낯설고 비슷비슷한지. 헷갈리기 딱 좋다. 그러다 보니 읽는 쪽도 재미있게 즐기기 쉽지 않다. 이야기 따라가다가 지치는 경우가 대부분이다.

이 글은 그래서 추리 소설의 구성을 따랐다. 나는 먼저 여러분께 알리고자 한다. 끔찍한 사건이 일어났다는 사실을 말이다. 그리고 누가 그 사건에 책임이 있는가를 함께 밝히려고 한다. 독자 여러분은 '신화 탐정'이 되어 미스터리를 파헤칠 것이다. 고대 그리스의 시인들이 '신화 법정'의 증인으로 출석하여, 수수께끼를 풀도록 우리를 도울 터.

그런데 왜 뜬금없이 추리냐고? 추리 소설은 재미있으니까. (내가 미스터리를 좋아한다는 사실을 부인하지 않겠다.) 그런데 더 중요한 이유가 있다. 인류 최초의 미스터리 문학은 무엇일까. 나는 그리스 신화에서 그 기원을 찾을 수 있다고 생각한다. 이 글을 읽어 나가는 가운데, 우리는 문학사상 최초의 탐정을 만나게 될 것이다. 너무나 위대한 나머지, 모르는 것이 나았을 진실마저 밝혀내고, 고통 속에서 무너져 내린 탐정을 말이다.

충격, 영웅 연쇄 몰락 사건

무슨 사건을 다루기에 이 호들갑인가. 알고 보면 무서운 사건이다. 옛날 그리스에는 참 많은 신이 살았다. 신 못지않게 영웅도 많았다. 영웅은 그리스 말로 헤로스(hērōs)다. 눈치 빠른 분들은 알아차렸겠지만, 헤로스라는 낱말은 요즘 유행하는 '슈퍼히어로(super hero)'라는 말의 할아버지뻘 되는 말이다. 슈퍼히어로가 빌런(villain)을 물리치고 시민들을 지키는 것처럼, 그리스 신화의 영웅도 악당과 괴물을 물리친다.

그런데 무서운 일이 일어났다. 그리스 신화의 영웅들이 하나같이 끔찍한 최후를 맞이한 것이다! 악당을 물리치던 영웅이 하나둘씩 차례대로 '연쇄 몰락' 했다니, 이제 지구는 누가 지키나? 두려운 일이 아닐 수 없다. 내일 당장 소머리 괴물 미노타우로스가 을지로 지하상가에 나타나거나, 사자와 염소와 뱀이 합한 괴물

/ 김태권

키마이라가 테헤란로 상공에 날아온다면, 누가 그들을 물리칠 것인가? 외계인은 지구방위대가 막고 볼드모트는 해리 포터가 막을 텐데, 신화 속 괴물이 나타나면 이를 어쩜담. 걱정이 태산이다.

영웅 몰락 사건이 중요한 이유를 한 가지만 더 이야기하자. 옛날 그리스 시인들은 영웅의 비참한 운명을 서사시로 비극으로 노래했다. 이후로 이 천 수백 년 동안, 서양의 시인과 소설가들은 서사시와 비극을 참고하며 작품을 만들었다. (여기서 '참고했다'는 말은, 요령껏 베꼈다는 뜻이다.) 어렵다고 유명한 서양 고전들만이 아니다. 오늘날 우리가 즐겨 보는 영화, 드라마, 만화가 모두 여기서 비롯했다. (지금도 알게 모르게 베끼고들 있다는 뜻이다.)

그러니 영웅의 몰락에 대한 수수께끼를 풀면 문학의 비밀도 풀린다. 스토리텔링의 비법도 여기 있다. 우리끼리 얘기지만 나의 경우에는, 지구를 누가 지킬지 모르겠다는 걱정보다도 문학의 본질에 대한 호기심이 더 크다. 여러분도 그러시다면 좋겠다.

영웅들의 사건 파일

신화 탐정 여러분, 이제부터 본격적인 수사다. 여러분이 훑어야 할 사건 파일이 여기 있다. 사건 하나하나가 얽힌 사람도 많고 사연도 많다. 일단 꼭 알아야 할 사항만 파일에 적어 두었다.

영웅은 왜 모두 망했는가

벨레로폰테스 사건

[영웅] 벨레로폰테스

[출신] 코린토스의 왕자였지만 살인 사건에 휘말려 고향을 등졌다.

[아이템] 날개 달린 말 페가수스를 탄다. 페가수스 덕분에 업적을 이루지만, 또 페가수스 때문에 몰락하기도 한다.

[주요 업적] 하늘을 나는 괴물 키마이라를 물리쳤다. 여러 강적을 물리치고 모험을 마친 후 리키아의 공주와 결혼한다.

[몰락] 페가수스를 타고 신들이 사는 하늘나라(올림포스)로 올라가다가, 말에서 미끄러져 땅으로 떨어졌다. 하필 그곳에 가시덤불이 있었을 줄이야! 앞도 못 보고 다리도 못 쓰게 되어 거지꼴로 황야를 떠돌아다니다 비참한 최후를 맞는다.

[주요 증인] 시인 호메로스, 핀다로스, 그리고 신화 학자 아폴로도로스가 벨레로폰테스 사건에 대해 진술했다.

이아손 사건

[영웅] 이아손

[출신] 이올코스의 왕자. 아버지 아이손은 그 형제 펠리아스에게 나라를 빼앗겼다.

[아이템] 신탁을 전하는 떡갈나무로 만든 근사한 배 아르고호. 이 배에 탄 영웅들은 아르고나우테스(아르고호의 선원들, '아르고 원정대')라 불렸다. 그러나 이 배에 얽힌 성공담을 잊지 못하고 쓸쓸한 최후를 맞는다.

키마이라를 물리치는 벨레로폰테스, 그리스의 도기 그림

[주요 업적] 마술을 부리는 메데이아 공주의 도움을 받아 콜키스의 보물 황금양털을 가지고 돌아왔다.

[몰락] 메데이아가 펠리아스를 암살하는 바람에 이올코스에서 살지 못하게 되었다. 코린토스로 망명한 후, 이아손은 코린토스의 글라우케 공주에게 새장가를 들겠다며 메데이아를 배신했다가 뼈저린 복수를 당한다. 메데이아와 사이에서 낳은 두 아이, 그리고 새 부인 글라우케 공주 등 주위 사람이 모조리 살해당한 것이다. 거지꼴이 되어서도 옛 영광을 잊지 못하고 아르고호 밑에 살았다. 그러던 어느 날, 낡은 배에서 목재조각이 떨어져 나왔고, 밑에서 잠자던 이아손은 거기 맞아 세상을 떠났다. 너무 끔찍한 최후다.

[주요 증인] 아르고호 이야기는 여러 신화에 자주 등장한다. 시인 아폴로니오스는 「아르고호 이야기」라는 장편 서사시를 남겼다. 메데이아를 배신했다가 보복당하는 이야기는 시인 에우리피데스가 비극 「메데이아」를 통해 진술하였다.

헤라클레스 사건

[영웅] 헤라클레스

[출신] 제우스신의 사생아. 미케네의 지배자가 될 수도 있었지만 운명의 장난으로 천덕꾸러기가 되었다. 제우스의 정실부인인 헤라 여신이 그를 미워해 괴롭혔기 때문이다.

[아이템] 뛰어난 힘. 칼을 쓰고 갑옷을 입는 대신 몽둥이를 들고 사자가죽을 둘러쓰고 다닌다. 창도 화살도 듣지 않아 직접 목 졸라 죽여

야 했던 사자의 가죽이다. 그의 강한 힘을 잘 보여 준다. 그런데 이 힘 때문에 스스로 몰락할 줄이야.

[주요 업적] 너무 많다. '헤라클레스의 열두 가지 과업'이 유명한데, 틈틈이 다른 모험도 했고, 그 이후에도 많은 모험을 했다. 그때마다 엄청난 적을 물리치고 엄청난 성과를 거두었다. 나라도 여럿 들어먹었다. 잘 알려지지 않았지만, 유명한 '트로이 전쟁'이 일어나기 한 세대 전에 '개인 자격'으로 트로이아를 정복한 일도 있다.

[몰락] 죽는 과정이 좀 복잡하다, 아내가 사기를 당하는 바람에 죽은 셈이다. 사연은 이렇다. 네소스라는 괴물이 있었다. 아랫도리는 말, 윗도리는 사람인 켄타우로스. 헤라클레스의 아름다운 아내 데이아네이라를 태우고 강물을 건네주겠다더니 그대로 달아나려고 했다. 헤라클레스가 독화살로 네소스를 쐈다. 네소스는 숨이 넘어가면서 데이아네이라에게 말했다. "언젠가 남편의 사랑이 식을 때, 이 피를 받았다가 남편 옷에 발라 주세요.", "무슨 효과가 있나요?", "사랑의 묘약입니다. 사랑을 되찾게 될 거예요. 꿀꺽." 이것이 계략이었을 줄이야.

훗날 헤라클레스가 아리따운 여성 이올레를 포로로 데려오는 것을 보고, 데이아네이라는 독화살에 맞고 죽은 네소스의 피를 '사랑의 묘약'인 줄 알고 헤라클레스의 옷에 발랐다. 그런데 사실 그 피는 강력한 독이었다. 옷은 헤라클레스의 살점에 달라붙었고, 고통에 몸부림치며 옷을 벗으려다 헤라클레스는 자기 살점까지 뜯어 버렸다. 고통에 시달리던 헤라클레스는 자기를 태워 죽여 달라고 친구들에게

영웅은 왜 모두 망했는가

부탁한다. 불길 속에서 올림포스에 올라 신이 되었다고 하지만, 그
것은 저 세상의 이야기. 이 세상에서는 산 채로 타 죽는 것이 이 인간
영웅의 운명이었나 보다.

오이디푸스 사건

[영웅] 오이디푸스

[출신] 테베의 왕자였지만, "아버지를 죽이고 어머니와 맺어질 운명"
이라는 신탁 때문에 태어나자마자 버려진다. 자신의 출생의 비밀도
모른 채 코린토스의 왕자로 자란다.

[아이템] 그의 강점은 뛰어난 지능. 지능을 이용해 괴물을 퇴치한, 보
기 드문 영웅. 그러나 집요한 추리 때문에 스스로 몰락하기도.

[주요 업적] 사람들을 괴롭히던 괴물 스핑크스를 물리쳤다. 힘이 아니
라 수수께끼로 대결을 펼쳤다. 수수께끼 풀이에서 패배한 스핑크스
는 절벽에서 몸을 던져 숨을 거두었다.

[몰락] 스핑크스를 물리친 영웅 오이디푸스는 이오카스테 여왕과 결
혼한다. 얼마 전 이오카스테의 남편 라이오스 왕이 길거리에서 어
느 괴한에게 살해당했기 때문이다. 이오카스테와 함께 코린토스를
다스리며 한참 즐거운 인생을 살던 중, 라이오스 왕의 살해범을 찾
겠다며 옛 사건을 집요하게 버르집는다. 그러다가 깨닫는다. 자기가
라이오스 왕을 죽인 괴한이며, 라이오스 왕이 자기 아버지였고, 자
기 아내인 이오카스테는 또한 자기 어머니이기도 하다는 사실을. 충
격에 빠진 이오카스테는 목을 매달아 자살하고, 오이디푸스는 자신

/ 김태권

「오이디푸스와 스핑크스」, 장 오귀스트 도미니크 앵그르

의 눈을 찌르고 코린토스를 떠나 거지꼴로 떠돌아다닌다.

[주요 증인] 라이오스 왕 살인 사건의 진상을 밝히기 위해 오이디푸스가 얼마나 치열하게 노력했는지, 시인 소포클레스가 비극 「오이디푸스 왕」을 통해 증언했다. 「콜로누스의 오이디푸스」는 그가 어떻게 죽었는지 알려 준다. 너무 큰 고통을 겪었기 때문에 신들도 그를 신의 세계로 받아들였다. 비극 「안티고네」는 오이디푸스의 남은 가족에게 일어난 비참한 일을 보여 준다.

어떤가, 참담하지 않은가? 그리스 신화에서 영웅들이 모조리 몰락하다니. 해피엔딩 하나 없이 말이다.

혹시 예외가 있지 않을까? 나는 열심히 찾아보았다. 그나마 괜찮은 결말을 맞은 영웅은 페르세우스 정도가 있다. 너무 무섭게 생겨서 쳐다보면 돌이 된다는 괴물 메두사를 목 벤 남자다. 하지만 페르세우스도 본뜻과 다르게 자기 외할아버지 아크리시오스를 죽게 만들었다. 원반던지기 경기에 참여했는데 페르세우스가 던진 원반이 관객석에 숨어 있던 아크리시오스한테 명중한 것이다. 아르고스 땅을 물려받았지만 그곳 사람들한테 할아버지를 죽인 자로 불리는 것이 싫어서인지 다른 임금하고 땅을 바꾸어 통치했다고 한다. 고향에 돌아오고 싶어 그 많은 모험을 치렀건만, 끝내는 고향에서 셀프 추방 당한 셈이다.

오디세우스는 어떨까? 시인 호메로스가 「오디세이아」에서 증언한 바에 따르면 수십 년이나 고생한 끝에 고향에 돌아와 아내 페넬로페와 재회했다고 한다. 여기까지만 보면 해피엔딩 같다. 그런데 계속 잘 살지는 못했나 보다. 신화학자 아폴로도로스는 오디세우스가 떠돌아다니던 중 키르케와 낳은 아들 텔레고노스가 아버지를 찾아왔다고 한다. 그런데 서로가 서로를 못 알아보고 결투를 벌여 오디세우스가 목숨을 잃었다나. 허망한 결말이다. 후세의 시인들은 다른 이야기를 한다. 중세의 시인 단테는 『신곡』에서 오디세우스가 호기심을 이기지 못하고 새로운 모험을 떠났다가 풍랑을 만나 숨을 거두었다고 썼다. 현대 그리스의 작가 니코스 카잔차키스도 '오디세우스의 새로운 모험'에 대해 장편서사시를 썼다. 요컨대 오디세우스의 운명에 대해서는 여러 가지 버전으로 이런저런 뒷이야기들이 있다. 각자 믿고 싶은 내용을 믿으면 될 것이다. 다만 어느 것도 그다지 행복한 결말은 아니라는 사실.

그리스 신화 속 영웅의 사연. 모아 놓고 보니 참 기구하구나.

누가 영웅을 몰락시켰나

영웅들의 연쇄 몰락 사건. 간단히 파일을 훑어 보았다. 그렇다면 범인은 누구인가? 신화 탐정 여러분 앞에 용의자를 하나씩 소개하겠다.

영웅은 왜 모두 망했는가

우리 평범한 사람들

첫 번째 용의자는 우리 평범한 사람들이다. 동기는 충분하다. 평범한 사람은 잘난 영웅을 질투한다. 영웅이 망하기를 속으로 바라고들 있다. 솔직히 말해 보자. 남 잘되는 이야기는 재미없다. 지루하다. 하지만 남이 망하는 이야기는 우리를 솔깃하게 만든다.

현대 미국의 작가 로널드 토비아스는 이렇게 말한다. "소년이 소녀를 만난다. 소년이 소녀에게 '결혼하자'고 말한다. 소녀가 '좋아'라고 대답한다. 이렇게 되면 이야기는 재미가 없이 끝난다."

재미있는 이야기, 생명을 가진 이야기가 되려면 어떻게 되어야 하나? 토비아스에 따르면 주인공이 고생을 해야 한다는 것이다. "소녀가 '너랑 결혼하기 싫어'라고 대답해야 한다." 요즘 이야기만이 아니다. 먼 옛날부터 이야기란 그랬다. 그리스 철학자 아리스토텔레스는 "우리보다 잘난 사람이 몰락하는 모습을 보여 주어 우리의 연민과 공포를 자아내는" 것이 비극이라고 말했다. 남이 잘되면 관심 없다. 남이 망하면 호기심이 생긴다. 인간의 본성이 이렇더라. 문학의 기원을 여기서 찾는다면, 지나친 이야기일까.

동기는 충분하다. 평범한 사람은 영웅이 몰락하는 꼴을 내심 기다리는 것 같다. 그런데 영웅을 망하게 할 힘은 있을까? 신화 속 영웅에게 온갖 자잘한 악당과 권력자들이 덤벼들지만 모두 패배한다. 평범한 사람은 그 악당만큼도 힘이 없다. 동기는 있어도 범행 수단이 없다.

/ 김태권

신이 영웅을 망치나

다음 용의자는 신이다. 영웅 벨레로폰테스를 망친 것은 신이다. 페가수스를 타고 하늘을 날다가 벨레로폰테스가 떨어진 이유는 무엇인가. 신이 등에를 보내 페가수스를 놀라게 해서 그랬다. 인간 주제에 신들이 사는 올림포스에 들어가려 했기 때문에 벨레로폰테스가 신들의 노여움을 샀기 때문이다. 헤라클레스의 몰락에도 신은 책임이 있다. 하는 일마다 헤라 여신이 훼방을 놓았다는 이야기는 유명하다.

하지만 신도 억울하다. 헤라를 질투심 많은 여신으로만 여긴다면 불공평하다. 헤라가 맡은 주된 업무가 '가정을 유지하는 일'이다. 남편의 바람기 때문에 가정이 무너지게 되면 헤라가 나서서 바로잡는다. 자기 가정에 대해서도 헤라는 자기 일을 할 뿐이다. 한편 제우스가 하는 일 가운데에는 우주의 질서를 유지하는 일이 있다. (혼외정사로 헤라클레스를 얻은 이유이기도 하다. 천하장사 헤라클레스의 힘을 빌려 신에게 저항하는 무리를 물리쳐야 했기 때문이다.) 그런데 벨레로폰테스는 그 질서를 어지럽히려고 했다. 제우스로서는 벨레로폰테스를 물리치는 것이 맞다.

신이 방해만 하지는 않는다. 신이 도와야 영웅도 성공한다. 신 스스로는 어떤 생각일까. 시인 호메로스는 서사시 「오디세이아」 첫머리에서 이렇게 증언한다. '인간들이 자기가 잘못해 놓고 신의 탓으로 돌린다'고 신들이 불평한다는 것이다. 철학자 플라톤은 이것조차 잘못되었다고 주장한다. 신은 개념상 정의로운 존재

영웅은 왜 모두 망했는가

이기 때문에, 아예 못된 의도로 훼방 놓지도 않으며, 심지어 호메로스 시에 나오는 것처럼 불평하거나 감정을 드러내지도 않는다는 것이다.

신이 영웅을 해치는 범인이라고 하기에는 무리가 있을 것 같다.

운명의 장난인가

또 다른 용의자는 운명이다. '운명 비극'이라는 말도 있다. 비극의 주인공이 잘못도 저지르지 않고 열심히 살았는데 망하는 경우, 그 책임은 운명에 있다는 이야기다. 영웅들은 대체로 나쁜 운명이었다. 이아손은 아버지가 나라를 빼앗기고 자기 목숨도 위기에 놓인 운명. 헤라클레스는 자기보다 능력이 못한 사람에게 지배를 받아야 했다.

가장 나쁜 운명으로 유명한 사람은 오이디푸스다. "아버지를 죽이고 어머니와 맺어질 운명"이라고 태어나기 전부터 예언을 받았다. 이쯤 되면 오이디푸스한테는 책임이 없고, 모든 것이 운명 탓 아닐까? 다른 영웅들도 비슷한 처지라고 해석한다면?

과연 그럴까. 이 문제에 대해 증언해 줄 사람을 모셨다. 그리스의 유명한 비극 시인 소포클레스다. 오이디푸스가 운명에 휘둘린 수동적 인물이 아니었다는 사실을 그는 밝혀 줄 것이다.

오이디푸스를 파멸시킨 범인은 누구냐

소포클레스의 증언을 들어 보자. "앞 이야기는 생략할게요. 스핑크스 퇴치하고 온 이야기는 대부분 아실 테니까요. 오이디푸스가 왕으로 지내던 마지막 날부터 이야기하죠. 그는 살인 사건을 해결 중이었어요. 오이디푸스 전에 코린토스의 왕으로 있던 라이오스의 피살 사건이요. 라이오스의 살인자 때문에 도시가 신의 노여움을 사서 전염병으로 시달린다는 신탁이 있었거든요. 라이오스는 아내 이오카스테의 전남편이기도 해서, 오이디푸스는 보란 듯이 사건을 해결하고 싶었을 겁니다. 참 열심이었어요. 그게 무서운 결과를 가져왔지요."

"오이디푸스는 첫 번째 증인으로 눈먼 예언자 테이레시아스를 부릅니다. 내가 여러분한테 사건을 설명하는 것처럼, 테이레시아스도 뭔가 이야기를 들려줄 거라고 생각했죠. 세상 모든 일을 아는 용한 예언자라고 유명했거든요. 그런데 심문이 잘 안 됐어요. 테이레시아스가 처음에는 진술을 거부하더니 나중에 오이디푸스를 비난했거든요. 오이디푸스는 화가 났고, 말다툼을 하고 끝났습니다. 이런 식으로 오이디푸스는 크레온, 이오카스테, 하인, 전령 등등 사건과 관련된 사람을 조사해요. 그의 목표는 두 가지입니다. 라이오스의 살인자가 누구인가를 밝혀내는 것. 그리고 수사 중에 알게 된 또 다른 사건, 자기의 출생의 비밀을 알아내는 것."

"뭐라고요? 오이디푸스가 탐정 같다고요? 탐정이 뭔가요? 누구? 셜록 홈즈라니, 처음 듣는 이름이군요. 이보세요, 나 소포클레스는 기원전 496년에 태어난 사람입니다. 뭔가 착각하시는 것같은데, 당신이 이야기하는 일들 대부분은 내가 살던 당시에는 일어나지 않았어요. 탐정 소설 같은 건 당연히 내가 모르죠. 다만오이디푸스가 열심히 탐문을 한 것은 사실이에요. 좀 지나쳐 보일 정도였지요."

"예, 지나쳤어요. 주위 사람들이 그러지 말라고 오이디푸스를 말렸지요. '누구든 되도록 신경 쓰지 않고 사는 게 최선입니다.' (979행), '아아, 아아, 가련한 이!…이후로는 결코 다른 어떤 말도하지 않을 거예요.'(1071~1072행), '아아, 말하기 무서운 진실 바로앞에 이르렀구나!'(1169행). 그러나 오이디푸스는 마지막 한 걸음을 내딛습니다. '나도 듣기 무서운 진실 앞에 이르렀다. 그래도 들어야 한다.'(1170행)"

"내 생각요? 범인이 누구냐고요? 오이디푸스 자신이겠죠. 저렇게 말려도 굳이 답을 얻어 내려고 하잖아요. 나쁜 운명을 타고난사람은 많아요. 진실을 알면 다칠 사람도 많고요. 하지만 보통은눈치를 채고 중간에 그만둡니다. 오이디푸스는 굳이 그걸 버르집는 바람에 신세를 망쳤어요. 아, 물론 멋지죠. 그러니까 영웅 아니니까. 하지만 영웅이 되는 대가는 비참하죠. 모든 것을 잃고 말아요."

이상, 소포클레스의 증언이다. 아무래도 신도 운명도 아닌, 오

/ 김태권

이디푸스 본인이 범인인 것 같다. 신화 탐정 여러분의 마음에 들지 않는 결론일지도 모르겠다. 나는 여기에 고전학자 강대진 선생의 논평을 덧붙이고자 한다. "여러 뛰어난 학자들이 이 작품(소포클레스의 「오이디푸스 왕」)은 운명극이 아니라고 역설해 왔다. 그리고 그들의 탁월한 해석에 감동하고 설득된 나는, 나의 학생들에게 그 주장을 전파하려 적지 아니 노력해 왔다. 하지만 누누이 설명하고 나서 다시 학생들의 의견을 물어보면, 여전히 대다수가 이 작품을 운명극이라고 답한다. 신들은 그저 결말을 알고 있을 뿐이지 그쪽으로 일이 일어나도록 강제하는 것도 아니라고, 아무리 말해도 소용이 없다."

영웅을 위한 변명

자, 이제 판결을 내릴 때가 됐다. 그리스 신화 속 영웅들을 몰락시킨 사람은 결국 영웅들 자신이다. 자기 성질을 이기지 못해 몰락하는 사람들이 영웅이다. 오이디푸스를 망친 것은 운명이 아니고, 헤라클레스를 괴롭힌 이도 헤라 여신이 아니다.

신화 가운데 '헤라클레스의 선택'이라는 이야기가 있다. 젊은 시절 헤라클레스를 두 여신이 찾아온다. 한 명의 이름은 '악덕'. 자기와 함께 가면 행복함과 즐거움에 지름길로 금세 도달할 것이라고 약속한다. 다른 한 명은 '미덕'. 자기와 함께 가면 험난하고 고통스러운 길을 가야 한다고 말한다. 그러나 그 고생을 한참 하

영웅은 왜 모두 망했는가

「헤라클레스의 선택」, 안니발레 카라치

고 나면 위대한 사람이 될 수 있다는 것이다. 헤라클레스는 미덕을 택한다. 그가 죽는 순간까지 고생만 한 것은 이 때문이다. 죽고 나서야 신으로 추앙받은 것이다. 하지만 이것 역시 헤라클레스의 선택이다. 자기 책임이라는 이야기다. 헤라클레스는 평생에 걸쳐 자기 주변 사람들을 죽거나 불행하게 만들었다. 힘 조절을 하지 못해서 그렇다. 언제나 강하게만 살았다. 힘도 성격도 너무 강해서 불행했다.

앞서 이야기하지 않고 넘어간 것이 있다. 눈치챈 분도 많으리라. 그리스 신화에서 말하는 '헤로스'와 요즘 만화와 영화에 나오는 '히어로' 사이에는 차이가 있다. 옛날의 헤로스는 남을 돕겠다는 생각으로 사는 사람이 아니다. 그저 자기 잘난 맛에 산다. 이러다 보니 자기도 주위 사람도 힘들어지는 일이 많다.

특히 민주주의 사회와 영웅은 궁합이 맞지 않는다. 기억하시는지? 그리스 비극은 영웅이 몰락하는 이야기다. 그런데 그리스 비극이 발전한 것은 아테네 민주주의와 함께였다. 비극 공연은 도시국가 아테네의 중요한 국가 행사였다. 시민들은 함께 모여 비극을 감상했고, 민주주의를 수호할 것을 다짐하며 흩어졌다. 그 주제가 영웅의 몰락이었다는 점은 의미심장하다. 민주 사회는 혼자 잘난 영웅을 필요로 하지 않는다. "영웅을 필요로 하는 민족은 딱한 민족이다"라는 타리크 알리의 말은, 맥락은 좀 다르지만 깊이 생각해 볼만 하다.

하지만 얄궂게도 민주 사회를 지키기 위해 필요한 덕목 가운

영웅은 왜 모두 망했는가

데는 영웅의 '기개'가 있다. 역사가 플루타르코스는 『영웅전: 푸블리콜라 전기』에서 로마 민주주의의 시작을 전하며 기막힌 문장을 남겼다. 유니우스 브루투스가 민주주의를 위해 자기 집안을 희생한 이야기를 두고, "브루투스의 마음은 인간 같지 않았다, 신이면서 또한 야수와 같았다"고 적은 것이다. 평범한 인간과는 달리 신도 되고 야수도 되는 강렬한 마음, 이것이 영웅의 기개 아닐까. 로마 민주주의에 대한 역사가 타키투스의 언급 또한 의미심장하다. "사나움(라틴어로 페로시키아, ferocia)을 가진 사람이 모두 사라지며" 독재자인 황제가 들어섰다는 것이다.

민주주의를 유지하려면 서로 잘 어울리는 방법을 알아야 한다. 그러나 민주주의를 위협하는 힘에 맞서기 위해서는 자기 혼자 잘난 영웅의 기개도, 사나운 마음도 필요하다. 민주주의와 어울리지 못하면서도 민주주의를 위해 싸워야 하는 것이 영웅의 운명이다. 이러한 사실을 알면서도 자기 성질대로 살겠다는 사람, 영웅이 되겠다는 사람이 있을까? 분명히 있을 것이다. 사실 반드시 있어야 한다. 그러나 영웅이 겪는 불행 역시 자기 자신의 선택이니, 몰락 역시 피할 수 없을 것이다. 그것이 영웅이 가야 하는 길이다.

/ 김태권

박완선

홍익대학교 미술대학에서 시각디자인을 공부했고, 동대학원에서 시각디자인전공으로 석, 박사 학위를 받았으며 다수의 전시 경력이 있다. 홍익대학교 책임 입학사정관, 혜전대학 시각디자인과 교수, 홍익 커뮤니케이션 디자인포럼 회장을 역임했으며, 한국 시각정보디자인협회의 디자인·교육분과 부회장을 2차례 역임했다. 디자인 교육자이며, 책은 자주 읽고, 글은 가끔 쓰고 있다. 함께 잘 사는 세상을 꿈꾸며, 사회적 기업가를 대상으로 강의도 한다. 독서를 통한 변화에 대한 믿음으로 최근에 독서심리상담사 자격증을 따서 학생들과 즐겁게 책을 읽고 있다.

2011년부터 우리 디자인계의 현실을 걱정하고 올바른 디자인 문화를 정착시키자는 뜻을 가진 동료들과 리코드(Research Institute of Corea Design)를 만들어 디자인비평서 ricod design book을 기획, 출간하고 있다. 지은 책으로는 『텔레비전광고의 시제와 초점』, 『시각커뮤니케이션 디자인』함께 낸 책으로 ricod design book 시리즈 『디자인은 죽었다』, 『디자인은 독인가, 약인가?』, 『파르헤지아』가 있다. 2008년부터 박사동문들과 발간하는 무크지 『디자인 상상』에 글을 싣고 있다.

13

디자인의 힘

2016년 7월 문화체육관광부는 그동안 사용해 온 '다이나믹 코리아(DYNAMIC KOREA)'를 대신할 대한민국의 새 국가브랜드를 '크리에이티브 코리아(CREATIVE KOREA)'로 확정했다고 발표했다. 새 국가브랜드는 발표되자마자 논란에 휩쓸렸다. 프랑스 캠페인 'CREATIVE FRANCE'를 표절했다는 것이다. 이에 대한 반박으로 문체부는 '크리에이티브'가 이미 많은 나라에서 정책이나 프로젝트 이름으로 사용해 온 말이기 때문에 한 국가가 독점해 사용할 수 있는 단어가 아니라면서, 한국과 프랑스의 브랜드는 취지와 캠페인 성격, 로고 디자인이 서로 다르다'고 했다. 새 국가브랜드는 대국민 공모 등을 통해 '한국다움'의 키워드를 '창의, 열정, 화합' 세 가지로 압축하고, 전문 기관의 의견수렴을 거쳐 만들어졌다고 한다. 많은 고민과 예산을 들여 만들었을 새 국가브랜

CRÉATIVE
FRANCE
CREATiVE |
| KOREA

드 디자인에 대해 말도 많았고, 유감스러워하는 디자이너도 많았
다. 아마도 가장 큰 이유는 선택된 새로운 국가브랜드가 브랜드
디자인의 본질을 잃어버렸기 때문일 것이다.

예전에 비해 디자인이란 단어가 사방에서 빈번하게 등장한다.
어떤 디자이너는 순수미술은 누구나 할 수 있지만 아무나 이야기
하지 못하고, 디자인은 아무나 못하지만 누구나 이야기한다라고
푸념했다. 그만큼 디자인이라고 하면 전문가가 아니더라도 누구
나 자신 있게 한마디씩 거들고 나온다. 그러나 디자인이란 단어
가 흔해진 만큼 디자인이 무엇인지를 정확하게 아는 사람은 드문
것 같다. 시간이 흐르고 사회, 문화, 경제가 달라지는 것에 따라

/ 박완선

디자인의 정의와 분야도 변하고 다양해진다. 그러므로 디자인에 대한 각별한 관심이 없다면 다양한 종류의 디자인에 대해서 정확히 아는 것이 결코 쉬운 일은 아니다. 그러나 더 큰 문제는 정확하게 모르면서 안다고 생각하는 것에 있다. 브랜드디자인이 무엇인지에 대한 정확한 이해가 있었다면 국가의 브랜드디자인을 바꾸는 일에 보다 신중했을 것이다. 브랜드는 스스로 오래 지켜 만들어 가며 남들에게 인정받는 것이다. 쉽게 말해 우리가 명품 브랜드라고 하는 기업들을 생각해 보면 각 기업들마다 지니고 있는 독특한 분위기와 많은 사람이 느끼는 공통의 이미지가 있다는 것을 알 수 있다. 그것이 브랜드다. 오랜 시간에 걸쳐 쌓아 가야지 자주 바뀌면 혼란을 야기하거나 무관심을 유발한다. 브랜드란 제품이나 서비스, 혹은 기업에 대하여 개인이 가슴속 깊이 느끼는 '본능적인 감정(gut feeling)'*이기 때문이다. 특히 간과하지 말아야 하는 것은 내가 아니라 남들이 느끼는 나의 이미지라는 것이다. 타인의 가슴속에 심어진 이미지를 새로운 것으로 바꾸는 일은 그 비용은 고사하고 그동안 쌓아 온 이미지를 지우고 새로운 기억을 심어야 하니 쉬운 일이 아니다. 브랜드디자인처럼 타인의 생각이나 삶을 바꾸려고 하는 디자인은 지속가능한 긍정적인 결과물을 얻어야 하는 어려운 작업이기 때문에 디자인의 근본정신에 대한 이해가 꼭 필요하다.

* 『브랜드 갭』, 마티 뉴마이어, 김한모 옮김, 알키

디자인의 힘

이제 디자인이라는 용어는 어느 분야에서나 사용된다. 그만큼 분야가 넓어지고 다양해졌다는 의미다. 전통적인 의미의 디자인은 간략하게 말해 기능적으로 아름답게 만든 제품에 포장을 효율적이고 멋지게 만들어 기발하게 광고하여 소비자에게 판매하기까지의 작업 일체를 의미한다. 지금은 디자인 사고(Design Think)니 디자인 경영(Design Management)이니 하면서 디자인 방법론을 통한 문제 해결 방식이 새로운 패러다임으로 제시된다. 세상 변화의 중심에 디자인이 있다. 애플이 삼성의 갤럭시를 특허 침해가 아니라 디자인 침해로 고소한 것도 지금은 기술보다 디자인이 중요한 시대라는 것을 보여 주는 증거이다. 또한 미국의 메이오 클리닉(Moyo Clinic)이나 일본의 아사히야마 동물원의 성공 신화도 디자인 경영으로 이룩한 것으로 유명하다. 이렇게 오늘날의 디자인은 유형(有形)의 디자인 작업에서부터 무형(無形)의 행동이나 정신까지 모두를 아우른다.

확장되는 디자인

디자인(Design)에 대한 사전적 정의에 따르면 주어진 목적을 조형적으로 실체화하는 것이다. 의장(意匠·도안)을 말하며, 디자인이라는 용어는 지시하다·표현하다·성취하다의 뜻을 가지고 있는 라틴어의 데시그나레(designare)*에서 유래한다. 디자인이란 용어는 영어로는 '디자인(design)', 프랑스어로는 '데쌍(dessin)', 이탈

/ 박완선

리아어로는 '디세뇨오(desegno), 독일어로는 '엔트브르프(entwurf)'이다. 처음에 우리나라로 들어왔을 때는 일본의 영향으로 '도안(圖案)' 또는 '의장(意匠)'이라는 일본식 한자 용어가 사용되었다. 그러나 도안은 표면에 그리는 것을 의미하고, 의장은 물품의 겉에 아름다운 느낌을 주기 위하여 그 모양, 맵시, 빛깔 또는 이들의 조화 등을 연구하여 응용하는 장식적인 고안(考案)이나 미장(美匠)을 말함**으로 현재의 디자인이 갖고 있는 포괄적인 의미를 나타내기에는 부족한 점이 많다. 우리나라에서 '디자인'이란 그 자체가 서양에서 들어온 새로운 분야이다. 또한 시간의 경과에 따라 자라나는 유기체처럼 그 의미와 분야가 계속해서 넓어지고 다양화되어 간다. 디자인의 의의는 디자인의 대상과 디자인의 기술이 시대와 장소에 따라 달라짐으로 다의적(多義的) 상대적일 수밖에 없다.***

세계적으로 'Design'이라는 용어의 등장은 1920~1930년대의 근대 디자인 운동(Modern Design Movement) 이후라고 볼 수 있다. 우리나라에서 변화되어 온 디자인 용어를 살펴보면 1950년대에는 공예라고 불리다가 1960년대에는 일본식 한자인 도안, 의장으로 바뀌었다. 1970년대에는 순수미술에 빗대어 응용미술로 1980년대 중반까지는 산업미술이라고 불렸다. 이후 1980년대 후반 대학

---

* 데시그나레(designare)는 '계획을 도표에 의해 표시한다'는 의미를 가지고 있다.
** 네이버사전, '의장意匠'
*** 『디자인 원론』, 김진홍, 법서출판사

디자인의 힘

의 학과 명칭에 영어 사용이 허용되면서 디자인이라는 용어가 정착됐으며, 대중에게도 디자인이라는 용어로 인식되기 시작했다.

현재는 디자인 행위가 R&D(연구개발), 비즈니스, 생산 계획 및 설계, 마케팅, 시스템 계획 기타 여기에 관련된 많은 문제로 확산되어 가는 프로세스의 보편적인 정의로 굳어졌다. 이제는 디자인의 의미가 단순히 실용적인 창작 활동을 한다는 것에서 '창의적인 문제 해결'을 위한 활동으로 그 의미가 확대되었다. 최근의 디자인 정의에 따르면 디자인이 디자이너, 기술자, 건축가 기타 디자인 전문가에 관해서만이 아니라 제품, 시장, 도시 지역, 공공 서비스, 의견, 법규 등의 형식이나 내용을 바꾸려고 하는 경제계획가, 법률제정자, 경영자, 법률가, 응용연구가, 반대자, 정치가, 압력단체의 활동에도 적용될 수 있음을 알 수 있다.*

디자인 분야의 영역 분류는 매우 다양하고 어떤 측면에서 보느냐에 따라서, 또는 시대의 변천에 따라 달라진다. 오늘날에는 모든 디자인이 서로 중복되고 보완하는 관계에 있기 때문에 명확한 구분을 더욱 어렵게 하고 있다. 특히 대분류를 한 후 그 안에 포함되어 있는 개별 디자인의 분야를 나누는 일은 기준이 더욱 모호하다. 그 이유는 요즘은 모든 디자인이 한꺼번에 이루어지는 토털디자인 개념이 강해져서 경계를 분명히 나누기가 더 어려워졌기 때문이다.

* 『디자인 발상 이론과 실제』, 김윤배·최길영, 태학원, p. 47.

/ 박완선

가장 흔한 디자인 분류는 시각전달디자인visual communication design, 제품디자인product design, 환경디자인environment design으로 나누는 것이다. 이렇게 디자인을 크게 세 개의 영역으로 분류하고, 그 카테고리 속의 개별적인 디자인의 분야로 들어가면 예전부터 있었던 고유한 디자인 분야는 물론, 시대의 변화와 발전에 따라 이전에는 없었던 새로운 분야의 디자인이 생긴 걸 알 수 있다. 예를 들어 컴퓨터가 상용화된 이후에는 컴퓨터를 도구로 이용하는 컴퓨터그래픽이나 컴퓨터를 매체로 사용하는 웹디자인 분야 등이 새로 생겼다. 이렇게 컴퓨터와 같은 새로운 도구가 개발되면 디자인 환경이 바뀔 뿐만 아니라 새로운 디자인 분야도 생긴다. 또한 현대에 들어와 인위적인 도시의 확장에 따른 도시디자인이나 대량생산과 대량소비에 따른 환경오염을 해결하기 위한 환경디자인 등이 생겨나면서 디자인은 새로운 여러 분야로 확대되고 있다.

또 다른 분류 방식으로는 표현 형식에 따른 분류법으로 2차원 디자인(평면디자인), 3차원 디자인(입체디자인), 시간과 관련되어 영상, 소리 등을 동반하는 4차원 디자인과 같이 표현 매체의 차원에 따른 분류가 있다. 이 분류 방식은 시각전달디자인이나, 제품디자인, 환경디자인 안에서 세분화할 때 쓰이기도 한다.

요즘에는 디자인의 여러 가지 요소의 결합과 영역의 모호함으로 인해 가치 창조를 중심으로 분류하는 새로운 방법도 생겼다. 이것은 IT의 발전으로 디자인 작업에 컴퓨터가 적극적으로 활용

디자인의 힘

되면서 기존의 개별적인 디자인 작업들이 전략적 제휴를 통한 공유가 가능해짐으로써 달라진 현상이다. 이제 디자인은 하나의 전문 분야에서의 해결만이 아니라 프로젝트를 중심으로 문제를 해결하는 프로세스 안에서의 역할이 더 중요해졌다. 예를 들어 하나의 제품이 나오기까지의 생산은 프로덕트디자인이지만 제품의 포장이나 광고는 시각전달디자인 분야와 공유해야 한다. 또한 인테리어나 엑스테리어 부분은 환경디자인 분야이지만 그 안에서 사람들의 편리를 위해 만들어지는 사인이나 간판디자인은 시각전달디자인 분야와 공통분모를 갖는다. 가치 사슬에 의한 디자인 산업의 새로운 분류 체계(표1)는 디자인이 어떤 결과물을 만드는 것만이 아니라 문제를 해결하는 과정임을 잘 보여 주고 있다. 이제는 디자이너의 활동 영역이 기획에서 제품 개발을 넘어 생산, 유통까지 포괄적으로 포함되고 있다는 의미이다. 그러므로 앞으로의 디자이너는 자신의 전문 디자인 분야를 넘어 하나의 문제 해결을 위한 디자인 프로세스가 진행되는 동안 일괄되게 지식을 통합하고 관리할 수 있는 능력이 있어야 한다. 토털디자인(Total Design) 시대를 맞아 디자이너는 한쪽으로 편협하지 않은 넓은 시각으로 디자인 프로세스 전체를 아우를 수 있는 역량을 가져야 한다.*

오늘날에는 이렇게 디자인의 영역과 의미의 폭이 넓어져서 하

* 『시각 커뮤니케이션 디자인』, 박완선, 서일대학교, p. 16.

나의 문장으로는 디자인 개념을 정의할 수 없게 되어 버렸다. 이제는 디자인을 정의하려고 하기보다는 디자인이 하는 일을 분명히 알면 디자인이 무엇인지를 쉽고 정확하게 알 수 있다. 디자인이 어떤 역할을 하는지 무엇을 위해서 존재하는지를 안다면 앞으로 디자인이 더욱 확장되고 분화되더라도 디자인의 근본 가치는 달라지지 않기 때문이다.

	소비자 조사	제품 설계	제품 제조	제품 포장	광고
수송기기 (자동차, 선박 등)	제품디자인			시각디자인	
전자정보기기 (TV, 라디오, 컴퓨터 등)					
정밀기기 (시계, 카메라 등)					
섬유(염색), 패션	패션디자인				
공예품	공예디자인				
건축	환경디자인				
인테리어					

[표1] 가치 사슬에 의한 디자인 산업의 새로운 분류 체계
※출처: 『디자인, 디자인산업, 디자인정책』, 조동성, 디자인하우스, 1996.

디자인의 힘

삶을 변화시키는 디자인

디자인의 원초적인 목적은 'making money'라고 한다. 경제 이야기가 나올 때마다 디자인으로 얻을 수 있는 부가가치에 대한 이야기는 빠지지 않는다. 그러나 디자인을 단순히 돈을 벌기 위한 수단이라고만 알고 있다면 디자인이 가지고 있는 세상을 바꿀 수 있는 큰 힘을 간과하고 있는 것이다. 이미 일부에서는 디자인을 이타적인 일에 사용하는 것이 디자인을 바르게 사용하는 길이라는 생각으로 이를 실천하고 있다. 디자인의 본질을 이해하고 그 정신을 실천하는 디자이너들은 디자인 작업을 통해 인간의 삶과 생각을 변화시키려고 한다. 인간뿐만 아니라 자연과 공존하고 후손에게 물려줄 지구를 지키기 위해서 노력한다.

디자인 선각자인 빅터 파파넥(Vitor Papanek)은 "사물을 그저 아름답게 만드는 것에 모든 노력을 기울이는 것은 인류에 대한 죄악이다"라고 했다. 그러면서 "디자인의 궁극적인 목표는 인간의 환경과 인간이 사용하는 도구를 변형시키고, 더 나아가 인간 스스로를 변형시키는 것이다"라고 하였다. 그는 사회와 환경에 책임을 지는 디자인을 이야기한 디자이너이자 교육자로서 자신의 주장을 끊임없이 실천했다. 그중에 가장 유명한 것이 깡통라디오다. 이는 인도네시아 발리에 큰 화산 폭발이 일어났을 때 통신기기가 없어 더 많은 피해를 입은 원주민들을 위해서 만든 것이다. 관광객이 버리고 간 깡통을 이용해 단돈 9센트 정도의 재료비로 만들었을 뿐 아니라 깡통라디오의 외형은 원주민이 직접 꾸미도록 해서 참여와 애착을 끌어냈다. 땅콩기름, 소똥, 종이 등 타는 것을 연료로 사용하게 만들어서 저렴하면서도 개성 있고 자연 친화적인 라디오를 만들었다.

세계 곳곳에서는 이미 자연 친화적인 공공 디자인을 하고 있다. 샌프란시스코에서는 산업폐기물을 재활용해서 '파크 모빌(Park mobile)'이라는 벤치를 만들었다. 길이 16미터, 폭 6미터 크기의 수거함 안쪽은 각종 식물들을 심어 작은 정원을 만들어 시민들에게 녹색 공간을 제공하고 앞쪽에는 의자를 만들어 쉴 곳을 제공한다. 철재쓰레기 수거함을 재활용한 이 벤치의 가정 큰 장점은 편리하게 옮길 수 있어 남는 공간 어디서나 사용할 수 있다는 것이다. 또한 교통량에 따라 위치를 적절히 옮길 수 있어 교통 흐름을 원활하게 만드는 데도 도움을 준다.

남동부 유럽 발칸 반도에 위치한 세르비아의 수도 베오그라드의 타슈마이던 공원에는 거대한 나무벤치 '블랙 트리'가 설치되어 있다. 이 블랙 트리는 세르비아의 대체 에너지 개발회사인 스트로베리 에너지(Strawberry Energy)와 디자이너 밀로스 밀리보게빅스(Miloš Milivojevic)가 설계했다. 상단에 자연광 전지패널을 설치해 낮에 흡수한 태양에너지는 벤치 내부에 설치된 발전기를 거쳐 전기에너지로 바뀐다. 이 전기로 시민들은 야외에서도 언제든지 손쉽고 자유롭게 휴대폰 등 전기기기를 충전할 수 있다.

'태양열 가로등(Solar Tree)'도 태양열을 이용한 자연친화적 디

디자인의 힘

자인이다. 태양열 가로등은 영국 디자이너 로스 러브그로브(Ross Lovegrove)가 디자인한 공공 가로등이다. 낮에는 시민들에게 쉴 공간을 제공하고, 밤에는 낮 동안 저장해 뒀던 태양열을 이용해 어둠을 밝히는 가로등 역할을 한다. 태양열을 이용하는 디자인 제품들은 전기를 만드는 데 드는 자원도 절약하고 환경도 보호하는 일석이조의 효과가 있다. 특히 공공 디자인 분야야말로 작은 생각의 전환만으로 얼마든지 환경보호를 실천할 수 있으며, 국가나 지자체 차원에서 실행할 수 있어 그 효과 또한 크다.

소외된 계층을 위한 디자인을 하는 디자이너들도 있다. 러시아의 디자이너 니콜래이 서스로브(Nikolay Suslov)는 노숙자를 위해 싸고 간편하고 재활용이 가능한 간이침대를 만들었다. 노숙자들이 언제 어디서든 편안히 잘 수 있도록 침대 높이가 바닥에서 20cm 떨어져 있다. 방수처리까지 완벽하게 되어 있고 내구성이 강해 장기간 사용할 수 있다. 가장 큰 장점은 다섯 겹의 종이로 만들어 이동과 재활용이 쉽도록 디자인했다는 것이다. 특히 이 간이침대는 돈이 없는 노숙자를 위한 것이지만 사용 후 간단히 접을 수 있어, 일반인들도 야외 콘서트나 야영 등 야외 활동을 할 때 편하게 사용할 수 있다.

'라이프 스트로(Life Straw)'는 수자원이 오염되어 있는 개발도상국과 제3국에 살고 있는 사람들과 그곳을 여행하는 여행자, 구호활동을 하는 사람들, 선교사 등이 쉽게 마실 수 있는 식수공급을 위해 만들어진 휴대용 정수빨대다. 스위스의 베스트가드 프랑센

/ 박완선

1 빅터 파파넥의 깡통라디오 2 샌프란시스코의 파크 모빌벤치 3 블랙 트리벤치
4 태양열 가로등

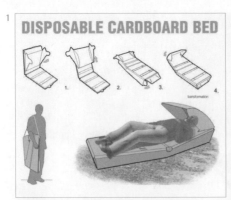

1 노숙자를 위한 간이침대 2 라이프 스트로 3 Q-드럼

(Vestergaard Frandsen)에서 만든 제품이다. 이 휴대용 정수빨대의 장점은 어떠한 전기적 장치도 필요 없으며 1~2년 사이에 한 번씩 교체해 주기만 하면 되는 사용의 편이와 환경, 모두를 생각한 디자인 제품이라는 것이다. 게다가 오염된 물로 인한 질병도 예방할 수 있어서 사람들의 삶의 질을 높이는 데도 한몫하고 있다.

수도 시설이 제대로 갖춰지지 않아 물이 귀한 제3국에서는 가장 큰 일이 물을 길어 나르는 일이다. 이 때문에 많은 어린이와 여자들이 집에서 쓸 물을 얻기 위해 집에서 멀리 떨어진 수원지에서부터 무거운 물통을 힘겹게 지거나 이고 오랜 시간 걸어서 운반한다. 이렇게 운반할 수 있는 물의 양도 적어서 하루에도 몇 번씩 그 길을 왕복하는 고된 삶을 살아간다. 이 문제를 해결하기 위해 남아프리카의 디자이너 한스 헨드릭스(Hans Hendrikse)가 도넛 형태의 'Q-드럼'을 만들었다. 원통형으로 옆에서 보면 Q자처럼 생긴 지름50cm, 높이36cm인 이 물통에는 50L나 되는 많은 양의 물이 들어가지만 줄을 끌면 굴러가기 때문에 힘이 약한 어린아이나 여자도 쉽게 운반할 수 있다. Q-드럼 디자인은 간단하고 수리도 가능하며 내구성 또한 매우 강하다는 장점이 있다.

KAIST의 배상민 교수도 교실과 현장에서 배운 디자인을 소외된 사람들을 위해 사용하는 사람 중의 하나이다. 뉴욕에서 최고의 디자이너로 일하면서 아름다운 쓰레기를 만드는 소비중심주의에 환멸을 느끼고 한국으로 돌아왔다. 지금은 상위 10%의 욕망이 아닌 소외된 90%의 필요를 위한 사회공헌 디자인을 하고

디자인의 힘

있다. 그가 디자인한 친환경가습기 '러브팟(lovepot)'은 울펠트 재질로 만든 티슈볼의 자연 증발 효과를 이용하여 수분을 공기 중에 퍼뜨리는 간단한 원리를 가지고 있다. 게다가 전기를 쓰지 않는 친환경 에너지 절약형 가습기이다. 벌집 모양의 구조를 가지고 있어서 작은 크기로도 큰 효과를 나타낸다. 성능, 가격, 제작 방법까지 효율적이고 경제적이지만 형태 또한 예쁘다.

초음파 모기 퇴치 제품인 '사운드 스프레이'의 형태는 뿌리는 살충제와 비슷하지만 화학약품으로 모기를 죽이는 것이 아니라 모기가 싫어하는 초음파를 이용해서 모기를 쫓아낸다. 기존의 모기살충제에는 모기의 신경을 마비시키기 위한 소량의 독성물질이 포함되어 있어 노약자에게 해로울 수 있다. 그러나 사운드 스프레이는 일반적인 살충제들과는 달리 화학물질을 포함하지 않아 환경에도 무해하다. 사운드 스프레이는 인간의 귀에는 들리지 않는 초음파를 이용함으로써 남녀노소 누구나 안전하게 사용할 수 있다. 이 제품은 사용하기도 쉽지만 가장 큰 장점은 바로 지속가능성에 있다. 즉, 자가발전으로 작동하여 배터리나 추가적인 전기 없이도 반영구적인 사용이 가능하다는 것이다. 이 사운드 스프레이는 배상민 교수팀이 제3세계를 위해 진행하는 '씨드 프로젝트(seed project)'의 일환으로 개발한 것이다. 그냥 주기만 하는 일회성 행사가 아니라 지속가능한 씨앗을 심는다는 뜻을 가지고 시작한 이 프로젝트는 학생들과 함께 아프리카의 소외된 사람들을 위한 제품을 개발하는 것이다. 배상민 교수는 "진짜 그들을 돕

/ 박완선

1

2

SOUND SPRAY))) SELF-GENERATING NON-TOXIC ULTRASONIC ANTI-MOSQUITO SPRAY

1 min

1.SHAKE
SELF-GENERATING

2.PRESS
EMIT ULTRASONIC

1 hour

3.REPEL
ANTI-MOSQUITO

SOUNDSPRAY is an **eco-friendly ultrasonic mosquito repel device** that repels mosquitoes by emitting a high-pitched noise that simulates the sound of the mosquito's natural predator. The **power to emit the ultrasonic sound is self-generated** by simply shaking the can, just like any type of spray can product.

SOUND SPRAY
SELF-GENERATING, NON TOXIC
ULTRASONIC ANTI-MOSQUITO SPRAY

고 싶다면 그들 스스로 자신들의 문제를 해결할 수 있는 방법을 가르쳐야 한다"라고 한다. 그는 디자인을 통해서 이를 실천하고 있다. 디자인으로 삶을 바꾸는 중이다.

생각을 바꾸는 디자인

인간은 정보의 70% 이상을 시각으로 받아들인다고 한다. 특히 교육을 받아 익히는 문자보다는 특별한 교육 없이도 인식이 가능한 그림이 즉각적인 정보 습득에 효과적이다. 그림 언어는 국가와 인종이 달라도 대부분 공통적인 해석이 가능하다. 세계의 다양한 사람이 모이는 공항이나 올림픽 같은 세계적인 행사에서 그래픽심벌을 사용하는 이유도 이 때문이다. 누구라도 세계 어딜 가더라도 화장실과 음식점 표시 정도는 쉽게 구별해 낼 수 있다. 그래픽심벌은 따로 배우지 않아도, 자주 보는 것만으로도 손쉽게 머리 깊이 새겨진다. 한 번 각인된 그래픽심벌은 무심코 오랜 기간 그대로 사용하는 경우가 많다. 누가 문제를 제기하기 전까지는.

뉴욕의 대학교수이자 장애인 정책을 다루는 웹사이트를 운영하는 사라 헨드런(Sara Hendren)은 기존의 장애인 심벌이 장애인을 나약하고 움직이지 못하는 사람으로 느끼도록 표현했다고 생각했다. 그녀는 친구 브라이언 글렌니와 2009년부터 기존의 장애인 표지판 위에 새롭게 디자인된 스티커를 덧붙이는 운동인 '액세서

블 아이콘 프로젝트(Accessible Icon Project)'라는 게릴라 아트 프로젝트를 진행했다. 그리고 5년 후인 2014년 7월 25일 드디어 뉴욕 주는 장애인마크 변경 법안을 통과시켰다. 새로 바뀐 심벌마크 디자인은 장애인을 도움을 받아야 하는 사람의 이미지에서 혼자서도 할 수 있는 사람이라는 이미지로 바꾸어 놨다. 이렇게 이미지를 바꾸는 것만으로도 장애인에 대한 편견도 바뀔 것이라고 기대한다. 기존의 마크는 1968년에 제정된 것으로 46년 동안 사용하고 있었다. 오랜 기간에 걸쳐 각인된 사람들의 기억을 갑자기 억지로 변화시키지 않고 천천히 눈에 띄는 마크부터 교체하여 자주 보여 주는 방법을 써서 고정된 인식까지 자연스럽게 변하도록 유도했다. 이렇게 작은 관심에서 시작된 사소한 디자인의 변화 하나가 많은 사람의 생각까지 바꿀 수 있는 원동력이 된다.

서울시에서는 2012년 염리동 소금길의 범죄예방을 위해 보안을 강화하기보다는 거리의 분위기를 바꾸는 방법을 선택했다. 염리동 소금길에는 '셉테드(CETED, Crime Prevention Through Environmental Design)'라는 범죄예방 디자인이 적용됐다. 이는 국내 환경디자인의 성공적인 사례로 꼽힌다. 환경은 사람의 생각과 행동에 변화를 준다. 실제로 골목이 밝고 쾌적하게 되자 주민들의 만족감이 높아졌고, 스스로 자신들이 사는 골목에 대한 애착과 관심을 가지기 시작하였다. 이런 자부심과 관심이 주민들을 자발적인 골목 지킴이로 변화시켰고 더욱 안전한 골목이 되었다. 소금길에 환경디자인을 적용한 후 주민들의 범죄에 대한 두려움도 줄어들

디자인의 힘

었고, 실제로 범죄 발생 비율도 줄었다고 한다. 절도는 12%나 감소했고 강력범죄는 단 한 건도 발생하지 않았다고 한다. 더구나 주민들의 범죄예방효과 인식은 78.6%, 만족도는 83.3%로 높게 나타났다. 염리동 소금길의 성공에 힘입어 2차로 관악구 행운동, 중랑구 면목4·7동, 용산구 용산2가동 등 세 곳의 정비를 마치고, 점차 그 대상을 넓혀 가고 있는 중이다. 서울시가 도입한 범죄예방디자인은 '환경설계를 통한 범죄예방'의 새로운 패러다임을 제시했다는 평가를 받았다.*

디자이너 윤호섭 국민대 명예교수는 2002년부터 매주 일요일 인사동에서 티셔츠에 환경메시지를 담은 그림을 무료로 그려 주는 퍼포먼스를 하고 있다. 그는 상품 가치보다 생명의 가치에 주목하는 '그린 디자인green design'을 전파한다. 그는 "환경 문제에 대한 해법은 이미 수많은 책으로 나왔잖아요? 그런 해법을 실천으로 옮기도록 마음의 변화를 줄 수 있어야죠. 그 과정에서 디자인이 무엇을 할 수 있는지 늘 생각해요"라고 말한다. 비록 티셔츠 한 장에 담긴 환경 메시지지만 그 진정성이 퍼져 서서히 사람들의 마음이 변할 수 있도록 꾸준히 십여 년째 이 일을 해 오고 있다. 그는 티셔츠에 메시지를 담는 이유에 대해 "티셔츠 하나면 3~4년을 입잖아요. 또 티셔츠를 입고 다니면 그 사람들이 환경 메시지를 전하는 '움직이는 광고판'이 돼요. 다른 사람들이 무슨

* 한국디자인진흥원 DB.COM, 2015.04.30

/ 박완선

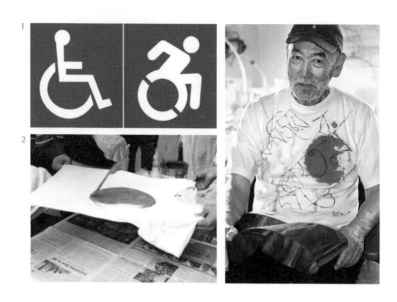

1 장애인 심벌, 우측이 새로 바뀐 것 2 윤호섭 교수와 그린 티셔츠

디자인의 힘

그림이냐고 물어보면 환경에 대한 이야기를 널리 전달할 수 있는 점도 좋지요"라고 했다. 윤호섭 교수가 하고 있는 일은 비록 작은 퍼포먼스에 지나지 않지만 그의 꾸준한 행위가 많은 사람들에게 환경을 생각하는 마음을 심어 주고, 그 마음이 자라 환경을 살리는 행동으로 이어지리라고 믿는다. 하나의 디자인이 사람들의 마음에 변화를 주고 결국에는 이타적인 행동까지 이끌어 낼 수 있는 원동력이 될 수 있으니까.

디자인의 힘

이제 디자인은 제품의 표면을 예쁘게 만들어 제품의 부가가치를 높이는 단순한 역할에서 디자인 활동의 근간이 되는 '창의적인 문제 해결'의 사고가 여러 분야에서 받아들여져 다양한 행위의 주체가 되고 있다. 단순히 물리적인 작업만이 아니라 보이지 않는 인간의 행동이나 생각까지도 바꿔 놓는 역할까지 하고 있다. 특히 경제, 환경, 인간과의 관계 등 다양한 문제를 해결하는 방법으로 '디자인 사고(Design Think)'가 적극적으로 수용되고 있다.

지금은 4차 산업혁명 시대라고 한다. 1784년 영국에서 시작된 증기기관과 기계화로 대표되는 1차 산업혁명에 이어 2차 산업혁명은 1870년 전기를 이용한 대량생산이 본격화된 때를 일컫는다. 3차 산업혁명은 1969년 인터넷이 이끈 컴퓨터 정보화 및 자동화 생산시스템이 주도한다. 21세기의 시작과 동시에 출현한 4차 산

/ 박완선

업혁명은 유비쿼터스 모바일 인터넷, 더 작고 강력하면서도 저렴해진 센서, 인공지능과 기계학습으로 특징지어진다. 또한 로봇이나 인공지능(AI)을 통해 실재와 가상이 통합돼 사물을 자동적, 지능적으로 제어할 수 있는 가상 물리시스템의 구축이 기대되는 산업상의 변화*를 4차 산업혁명이라고 한다. 4차 산업혁명은 지금까지와는 다르게 변화 속도가 매우 빠르고, 범위도 워낙 넓고 규모도 엄청나기 때문에 한마디로 정의하기는 어렵다. 더욱이 지금까지와는 아주 다른 세상이 될 것이라고 예견한다. 보통 사람은 상상조차 못 하는.

앞으로 20년 안에 기존에 우리가 알고 있는 일자리 3개 중 1개는 없어지고, 2016년에 초등학교를 들어가는 전 세계 어린이의 65%는 현재는 존재하지도 않는 일을 하게 될 것이라고 한다. 영국 옥스퍼드 대학 마틴 스쿨의 연구진은 2013년 보고서를 통해 전 산업에 걸쳐 단순 업무를 하는 직종이 가장 많이 사라질 것이라고 전망했다. 특히 블루칼라로 일컬어지는 단순노동 직종은 이미 어느 정도 사라진 상태이고, 화이트칼라로 대변되는 사무직종의 변화 또한 클 것이라고 한다. 인공지능, 로봇 등의 발달로 지식 기반 업무에까지 기계가 들어오면서 대부분의 사무직은 물론 의사나 회계사, 애널리스트 같은 전문직도 사장될 직업 리스트에 올라 있다. 미래에 살아남을 직종의 특징은 인간을 상대로 협상

* '4차 산업혁명[Fourth Industrial Revolution, 四次 産業革命]', 네이버 사전, 시사상식사전

디자인의 힘

을 하거나, 대인관계를 통해 상호협력을 이끌어 내거나, 새로운 아이디어를 창출하는 등의 요소를 가지고 있는 직종이라고 한다. 그중에 유망 직업으로는 데이터분석가, 건축가, 아트디렉터, 디자이너, 공학자 등이 꼽힌다.

앞으로 단순하고 기계적인 디자인 작업은 인공지능이 대신할 수도 있을 것이다. 주어진 조건에 맞춰 최적의 디자인을 뽑아내는 전형적인 디자인 작업들 말이다. 그러나 인간을 이해하고 삶을 변화시키고 보이지 않는 곳까지 살펴서 인간의 생각까지 변화시킬 수 있는 디자인은 사람만이 할 수 있다. 모두가 공존할 수 있는 디자인을 하기 위해서는 타인과 공감하는 능력과 창의성이 꼭 필요하다. 이런 능력은 인간만이 가진 장점이다.

인간의 삶뿐만 아니라 생각까지도 바꿀 수 있는 디자인의 힘은 강하다. 이 시대에는 이런 디자인의 긍정적인 힘으로 세상을 변화시킬 수 있는 창의력을 가진 디자이너가 많이 필요하다. 모두를 위한 디자인을 하는 것이 디자이너가 해야 할 진정한 일이다. 자연과 더불어 살고 인간의 행동과 생각의 변화를 이타적으로 이끄는 디자인의 힘, 가슴 뛰게 하는 참 매력적인 힘이다. 이런 디자인의 힘으로 세상이 보다 살 만한 곳으로 바뀌길 기대한다.

/ 박완선

참고문헌

『디자인 개론』, 김병억 · 이웅직, 태학원
『디자인 개론』, 김수석, 지구문화사
『디자인 발상, 이론과 실제』, 김윤배 · 최길영, 태학원
『디자인 원론』, 김진홍, 법서 출판사
『시각 커뮤니케이션 디자인』, 박완선, 서일대학교
『브랜드 갭』, 마티 뉴마이어, 김한모 옮김, 알키
네이버 사전, 시사상식사전
〈조선일보〉 Weekly BIZ

한문정

서울사대부고 화학 교사. 서울대에서 과학교육으로 박사학위를 취득한 후 현장연구자로서 살고 있으며 '신나는 과학을 만드는 사람들' 회원으로 활동하고 있다. 다른 빛깔의 다양한 학교에서 파란만장한 교사의 길을 걸으면서 늘 '논리와 감성이 어우러진 과학 교육'을 추구하고 '과학으로 세상을 바꾸기'를 꿈꿔 왔다. 저서로는 『과학 선생님 프랑스 가다』(공저), 『과학 선생님 영국 가다』(공저), 『과학 선생님 독일 가다』(공저), 『과학진로캠프』(공저)가 있다.

14

야누스의 얼굴을 한
화학물질

화학물질, 약인가? 독인가?

드라마,《대장금》을 보면, 이런 에피소드가 나온다.

장금이가 의녀가 되기 위한 시험을 보는데 '약재와 독재를 구분하시오'라는 문제가 나왔다. 장금이는 열심히 답안을 썼지만 시험에 통과하지 못했다. 그래서 재시험을 보게 되었다. 이번에도 같은 문제가 나왔다.

'약재와 독재를 구분하시오.'

지난번에 낙제를 한 후 무언가 깨달음이 있었던 장금이는 다시 답안을 써냈다. 답안을 본 교수는 장금이에게 왜 이런 답을 적었냐고 물었다.

"약재와 독재를 구분할 수 없습니다. 약이란 모두 각각의 효능이 있어 병에 맞추어 그 약을 쓰면 약이 되지만 잘못 판단하여 잘못 쓰면 독재입니다."

장금의 대답에 만족한 교수는 다음과 같이 조언한다.

"그렇다. 같은 변비라 해도 추위로 인한 변비에 쓰는 파두는 약이나, 열로 인한 변비에 파두를 쓰면 사람을 죽일 수 있는 독이 된다. 의원이란 그런 것이다. 같은 약으로 사람을 살릴 수도, 죽일 수도 있다. 하여 의원에겐 무식도 실수도 용납되지 않는다. 자만이 단정을 낳는 것이고 의원의 단정에는 사람의 목숨이 달려 있다."

장금이의 답은 오늘날 우리에게도 시사점을 준다.

현재 우리가 살고 있는 이 세상은 온통 화학으로 이루어져 있다. 예전에는 없었던 수많은 화학물질이 화학반응에 의해 만들어지고 제품으로 만들어져 우리의 생활에 쓰이고 있다. 그 화학물질들은 과연 우리에게 약인가? 독인가?

우리는 장금이처럼, 현명하게 그 질문에 답을 해야 할 것이다. 화학물질은 쓰는 사람에 따라 약도, 독도 될 수 있을 테니까. 지금부터 화학물질이 약으로 쓰인 사례, 독으로 쓰인 사례를 함께 살펴보자.

화학물질, 인류의 삶을 윤택하게 하다.

인간이 만들어 낸 화학물질은 더 좋은 품질의 제품을 가능하게 하고, 인간의 수명을 늘려 주면서 우리의 생활을 획기적으로 변화시켜 왔다. 덕분에 우리는 100년 전 살았던 선조들보다 훨씬 더 편하게, 윤택하게 생활하게 되었다.

우리의 생활을 변화시킨 대표적인 예로 플라스틱과 합성섬유를 들어 보자. 플라스틱은 1950년대부터 대중화되기 시작했다. '비닐 봉다리'라 불리는 폴리에틸렌 봉지는 시장바구니를 빠르게 대체했고 플라스틱은 식품 용기, 물통, 조리도구, 식료품 포장재, 필통, 안경에서 컴퓨터, 냉장고, 집안 바닥재, 벽지에 이르기까지 우리 주위에서 볼 수 있는 많은 제품의 원료로 쓰이게 되었다. 심지어 비행기의 동체에도 탄소섬유강화플라스틱이 쓰이고 눌러 붙지 않게 코팅된 프라이팬에도 테프론이라는 플라스틱이 쓰인다. 플라스틱은 유리나 도자기, 금속재료를 빠르게 대체하고 있으며 많은 일회용품을 생산하고 있다. 이러한 플라스틱은 어떻게 만들어진 것일까?

플라스틱은 작은 단위체의 물질을 중합반응하여 만들어지는 고분자화합물이다. 예를 들면 에텐과 같은 간단한 물질을 중합반응에 의해 계속 첨가하여 분자량이 큰 물질로 만든 것이다. 에텐(에틸렌)을 중합하면 폴리에틸렌이 만들어지는데, 그 밀도에 따라 저밀도 폴리에틸렌(LDPE)과 고밀도 폴리에틸렌(HDPE)으로 나눌 수 있다. 고밀도 폴리에틸렌은 저밀도 폴리에틸렌보다 단단하고 열에 강해 파이프와 같은 딱딱한 제품을 만드는 데 주로 사용된다. 그 외 염화비닐을 중합반응한 폴리염화비닐(PVC), 프로펜을 중합반응한 폴리프로필렌(PP), 스타이렌을 중합반응한 폴리스타이렌, 에틸렌글라이콜과 테레프탈산을 중합반응한 폴리에틸렌테레프탈레이트(PET) 등이 널리 쓰인다.

플라스틱은 가볍고 값이 싸며 쉽게 변형이 가능하다. 쉽게 깨지지 않고 산, 염기를 비롯한 여러 화학물질에 잘 견디고 녹이 슬지 않으며 쉽게 마모가 되지 않는다. 종류에 따라 강도가 아주 센 것도 있고 전기전도성을 가진 것도 있다. 전도성 플라스틱은 OLED 디스플레이, 접을 수 있는 디스플레이 등에 이용되고 있으며 다양한 기능을 갖춘 특수 플라스틱이 속속 개발되고 있다.

한편, 의류에 널리 쓰이는 합성섬유도 중합반응에 의해 만들어지는 고분자화합물이므로 플라스틱의 일종으로 볼 수 있다. 합성섬유는 1938년 미국에서 듀폰 사의 캐러더스가 최초의 합성섬유인 나일론을 발명하면서 활발하게 연구되기 시작하였다. 듀폰 사는 나일론을 이용하여 스타킹을 시장에 내놓았는데, 나일론 스타킹은 값비싼 비단 스타킹을 대체하면서 선풍적인 인기를 끌었다. 얼마나 인기였냐 하면, 판매 첫날에 미국에서 400만 켤레가 팔렸을 정도이다. 이후 폴리에스터, 폴리아마이드, 폴리아크릴로나이트릴 등의 합성 섬유가 발명되면서 인류의 의생활을 획기적으로 바꿔 놓았다. 합성 섬유는 천연 섬유보다 질기고 가벼우며 값이 싸서 천연 섬유 대신 많이 쓰이게 되었고 최근에는 기술의 발달로 다양한 고기능성 섬유가 개발되었다. 예를 들어 프라이팬에 눌러 붙지 않게 쓰이는 테프론은 아웃도어에 이용되어 수증기는

듀폰 사의 나일론 스타킹 광고

출처 http://cdn.vintagedancer.com/wp-content/uploads/1948-dupont-nylon-355x500.jpg

통과하지만 빗방울은 통과하지 못하는 고어텍스로 거듭나게 되었다.

지금 내가 입고 있는 옷, 내가 지니고 있는 물건을 살펴보자. 내가 플라스틱, 합성섬유를 얼마나 많이 이용하고 있는지….

이 물질들은 100년 전에는 존재하지도 않았던, 과학자가 실험실에서 만들어 낸 화학물질임을 다시 한 번 상기해 보자. 놀랍지 않은가?

그러나 플라스틱이 생활에 편리함만을 가져온 것은 아니다. 점차 늘어 가는 플라스틱 폐기물이 문제거리로 등장하고 있다. 플라스틱을 그냥 버리면 땅속이나 바다에서 생분해되지 않는다. 플라스틱을 분해할 수 있는 미생물은 없기 때문이다. 현재로서는 재활용이 가장 좋은 해결책인데 재활용이 되지 않는 많은 플라스틱이 강, 바다와 땅을 오염시키고 있다. 플라스틱 폐기물을 줄이기 위해서는 생분해 플라스틱의 보급이나 일회용품의 사용을 줄이는 것과 같은 보완책이 필요하다.

화학물질, 인류의 삶을 위협하다.

'봄이 왔다. 그러나 즐겁게 지저귀는 새들은 모두 어디로 갔나? 사람들은 당황했고 불길한 예감에 사로잡혔다. 어쩌다 몇 마리 보이는 새들도 날지도 못하고 푸드득거리다 죽어 버렸다. 봄은 왔는데 침묵만 감돌았다.'

/ 한문정

레이첼 카슨은 그의 저서 『침묵의 봄』을 이렇게 시작했다. DDT에 의한 생태계 파괴를 '새의 지저귐이 사라지는 미래'로 표현한 것이다. 카슨의 이 책은 엄청난 반향을 일으켰고 결국 인류가 만든 화학물질, DDT를 추방하게 된다. 새로 개발된 화학물질이 독으로 쓰인 대표적인 사례로 DDT를 살펴보자.

　DDT는 Dichloro-Diphenyl-Trichloroethane의 약자로 선풍적인 인기를 끌며 쓰였던 살충제였다. DDT는 1874년, 차이들러에 의해 처음 합성되었고 1939년, 뮐러에 의해 살충 작용을 한다는 것이 밝혀졌다. 이러한 공로로 뮐러는 1948년에 노벨 생리의학상을 받기도 하였다. DDT는 제2차 세계대전 때 말라리아, 티푸스를 일으키는 모기를 박멸하기 위해 쓰였고 전쟁이 끝나고 나서도 농업 분야에서 살충제로 널리 쓰였다. 해충에 대한 독성은 매우 강하지만 인간을 비롯한 온혈동물에게는 직접적인 독성을 나타내지 않아 환상의 물질로 여겨졌다. DDT는 수십 년 동안 세계에서 가장 많이 쓰인 살충제였는데, 1963년에는 약 10만 톤이 사용되었을 정도였다.

　그러나 서서히 DDT의 부작용이 밝혀지기 시작하였다. 우선 DDT가 생물학적으로 분해가 되지 않으며 먹이사슬에 의해 생물 농축이 되어 인간과 동물의 지방질에 축적이 된다는 사실이 밝혀졌다. 미국에서 1970년대에 사람의 혈액과 지방질을 검사한 결과, 모든 표본에서 DDT가 검출되었다. 또한 DDT가 조류의 알 껍질을 얇게 만들고 동물에게 암을 일으킬 수 있으며 몇몇 해충

은 DDT에 대한 내성을 갖게 되었다는 연구 결과가 나왔다. 이러한 부작용은『침묵의 봄』을 통해 일반 시민들에게 빠르게 전파되었고 시민들의 반대 운동을 촉발하였다. 결국 DDT는 거의 모든 나라에서 사용이 금지되었다.

또 다른 예로 프레온가스(CFCs)가 있다. 프레온가스는 1930년대에 듀폰 사의 연구원이었던 미즐리에 의해 개발되었다. 프레온가스의 화학명은 염화불화탄소(CFCs)로 냄새도 없고 독성도 없으며 불에 타지도 않고 화학적으로도 매우 안정된 물질이다. 값이 싸고 안전한 냉장고 냉매를 찾고 있던 듀폰 사로서는 안성맞춤이었다. 게다가 프레온가스는 냉장고, 에어컨, 자동차의 냉매로 이용될 뿐 아니라 드라이클리닝 용제, 반도체나 정밀부품 세척제, 스프레이와 같은 분사제 등에 광범위하게 이용될 수 있어 '꿈의 물질'로 불렸다.

그런데 얼마 지나지 않아 프레온가스가 성층권에 있는 오존층을 파괴한다는 사실이 알려졌다. 오존(O_3)은 산소 원자 3개가 결합한 물질인데 대기권에서는 우리 몸에 해로운 오염물질로 작용하지만 성층권에서는 오존층으로 존재하며 자외선을 차단하는 역할을 하는 고마운 물질이다. 오존층은 산소가 자외선을 흡수하면서 화학반응에 의해 생성된다. 이 오존이 산소로 다시 분해되는 과정에서, 세포를 파괴하는 짧은 파장의 자외선을 흡수함으로써 생명체를 보호하고 지구의 온도를 적절히 조절해 주는 중요한

야누스의 얼굴을 한 화학물질

기능을 한다. 그런데 이 오존이 프레온가스에 의해 파괴되면서 해로운 자외선이 지표면으로 쏟아져 들어오게 된 것이다.

　다음은 프레온가스에 의한 오존층 파괴의 메커니즘을 나타낸 것이다.

$$CF_2Cl_2 \xrightarrow{\text{자외선}} CF_2Cl + Cl$$

$$Cl + O_3 \rightarrow ClO + O_2$$

$$ClO + O \rightarrow Cl + O_2$$

　프레온가스는 자외선을 받으면 분해가 되면서 반응성이 큰 염소 원자(Cl)를 방출하게 되고 이 염소 원자가 결합력이 약한 오존 분자를 파괴한다. 그런데 이 반응에서 염소 원자는 반응 후 없어지지 않고 연쇄적으로 오존을 분해하는 촉매로 작용한다. 그 결과 소량의 프레온가스로도 오존층을 파괴하는 데 결정적인 역할을 할 수 있다.

　오존층 파괴와 같은 환경 문제는 전 지구적인 문제이므로 국가 간 협력이 필요하다. 결국 1987년 몬트리올 의정서에 따라 프레온가스의 사용을 2000년부터 전면 금지키로 하였고 현재는 프레온가스의 사용이 전 세계적으로 규제되고 있다.

/ 한문정

우리의 비극, 옥시 사태

그런데 화학물질이 우리의 삶을 위협하는 독으로 작용한 일은 다른 나라에서, 과거에만 일어난 일이 아니다. 실은 지금도, 바로 우리 사회에서 진행 중이다. 부끄럽지만 화학물질이 생명을 해치는, 바이오사이드의 전례로 남을 옥시 사태에 대해 지금부터 알아보자.

2011년 4월 25일, 질병관리본부로 한 통의 전화가 걸려 온다. 원인을 알 수 없는데 비슷한 증상을 보이는 폐질환 환자가 7명이나 동시에 발생했다는, 서울아산병원 감염관리실의 신고 전화였다. 이를 수상히 여긴 질병관리본부는 본격적인 역학조사를 시작한다. 이것이 바로 현재도 진행 중인 옥시 사태가 사회에 알려지게 된 신호탄이었다. 역학조사 결과, 가습기 살균제에 쓰인 화학물질이 원인임이 밝혀졌고, 그로 인해 수백 명의 사상자와 수천 명의 피해자가 발생한 것으로 알려져 우리 사회를 경악하게 했다. 가습기 살균제는 SK케미칼과 같은 대기업에서 원료를 공급받거나 원료를 수입하여 외국기업인 옥시레킷벤키저와 몇몇 국내 기업에서 만들어 판매된 제품으로 1994년에 첫 제품이 나온 이래 2011년에 판매가 중지될 때까지 18년간 800만 명이 사용한 것으로 밝혀졌다. 가습기 살균제에 의한 폐 손상은 주로 임산부나 영유아를 중심으로 2000년대 초반부터 환자들이 발생하기 시작하였으나 원인을 찾아내지 못하다가 2011년에 이르러서야 역학조

야누스의 얼굴을 한 화학물질

사를 통해 원인 물질이 밝혀지게 되었다.

가습기 살균제에서 문제가 된 화학물질은 구아니딘계 살균제인 PHMG, PGH와 CMIT, MIT이다. PHMG의 화학명은 폴리헥사메틸렌구아니딘이고 PGH는 폴리옥시알킬렌구아니딘, CMIT는 클로로메틸이소티아졸론, MIT는 메틸이소티아졸론이다.

이 물질들이 독성을 가진 화학물질이긴 하나, 외국에서도 일부 제품에 살균제로 사용이 허가되어 쓰이고 있는 물질이다. 그런데 왜 유독 우리나라에서만 피해자가 발생하게 된 것일까? 이는 우리나라가 외국에서 카페트 등에 쓰이는 살충제 성분을 용도 변경하여 가습기 살균제로 사용한 유일한 나라이기 때문이다.

그렇다면 그냥 고체 상태에서는 별 문제 없는 화학물질이 왜 가습기 살균제로 쓰였을 때만 사람을 죽일 수 있는 살인무기로 돌변한 것일까?

먼저 가습기의 용도와 원리를 알아보자.

가습기는 겨울철, 건조한 실내 공기에 수증기를 공급해 주기 위해 우리 가정에서 널리 쓰이는 제품이다. 가습기는 초음파 장치 등을 이용해서 물을 나노미터 수준의 아주 작은 크기의 물방울로 쪼개어 공기 중으로 내보낸다. 이 과정에서 물에 넣어 준 살균제 성분도 물에 녹은 상태로 나노미터 수준의 작은 입자가 되어 공기 중으로 퍼지게 된다. 즉 가습기의 스프레이는 살균제 성분을 아주 작은 입자로 쪼개어 주는 역할을 하는 것이다. 그냥 살균제 입자였다면 입자의 크기가 커서 코를 통해 흡입된다 해도 코와

목을 넘어가는 과정에서 섬모와 점막에 걸러지기 때문에 크게 문제가 되지 않는다. 그러나 가습기에 의해 나노미터 수준으로 작아진 입자는 코나 기도에서 걸러지지 않고 폐 속 세포까지 침투하여 폐에 염증을 일으킨다. 가습기를 지속적으로 오랜 시간 사용하면 살균제 성분에 의한 폐 손상이 심각하게 일어나는 것이다.

이처럼 화학물질은 어떤 상태로 신체에 흡수되느냐에 따라 그 독성이 달라질 수 있으므로 그에 맞는 안전성 검사를 해야 한다. 그런데 옥시 등의 기업이 외국에서 들여온 화학물질의 용도를 임의로 변경하면서, 흡입 독성에 대한 어떠한 실험도 하지 않은 것이 바로 이 비극의 직접적인 원인이다.

거기다가 별도의 안전성 검사 없이 화학물질의 용도 변경을 해도 법적으로 아무 문제가 되지 않고, 가습기 살균제 같은 화학물질을 관리할 부서조차 정해져 있지 않았던 제도적 허점이 우리나라에서 이러한 초유의 사건이 일어날 수 있었던 배경이다. 사건이 크게 터진 이후에야 정부는 가습기 살균제의 사용을 중단시키고 문제가 된 살균제 성분을 관리 대상에 넣고, 여러 부처에 흩어져 있던 화학물질에 대한 관리 감독 체계를 정비하고 있다. 소 잃고 고치는 외양간이지만, 이제라도 같은 일이 되풀이되지 않도록 제대로 된 대책을 세울 필요가 있다. 그리고 옥시는 기업의 광고만 믿고 가족의 건강을 위해 가습기 살균제를 썼다가 건강을 잃거나 소중한 가족을 잃은 수많은 피해자들에게 조속히 진정한 사과와 보상을 해야 할 것이다.

야누스의 얼굴을 한 화학물질

화학물질, 어떻게 다루어야 할까?

가습기 살균제의 경우처럼 다른 나라에서 개발된 화학물질을 수입해 새로운 제품으로 개발하는 경우는 앞으로도 많이 있을 것이다. 이 경우, 기업은 제품의 안전성 검사를 철저히 하고 문제가 될 경우 전적으로 그에 대한 책임을 져야 할 것이다. 그리고 정부는 화학물질의 안전성을 검증하기 위한 법적, 제도적 장치를 갖추고, 화학물질에 대한 관리 감독을 철저히 하여 국민들이 정부가 출시를 허가한 제품을 안심하고 사용할 수 있도록 해야 할 것이다. 그렇지 않다면, 옥시 사태에서 볼 수 있듯이 화학물질은 우리의 소중한 삶을 한순간에 파괴할 수도 있다.

그러나 화학물질을 현명하게 이용할 책임을 기업이나 정부에게만 맡겨 둘 수만은 없다. 과학적 소양을 갖춘 시민과 전문가가 연대하여 '시민 과학' 모임을 만들거나 시민단체를 통해 내가 먹는 식품의 첨가물이나 내가 쓰는 생활화학제품에 포함된 화학물질이 안전한지, 감시해야 한다.

그럼 미래 사회의 시민으로서 갖추어야 할 과학적 소양은 무엇일까?

현대 사회는 과학기술의 발달이 빠르게 이루어지는 만큼, 과학의 산물이 가져올 의미나 가치에 대한 충분한 이해나 검토 없이, 사회나 시장이 급변하는 경우가 많다. 광우병 사태나 메르스 사태에서 볼 수 있듯이, 최근 우리 사회가 경험하고 있는 심각한 사회적 혼란은 대부분 과학기술과 관련된 문제이다. 우리가 직면한 문제를 현명하게 해결하기 위해서는 기본적인 과학 지식을 갖추고 과학적 합리성에 의해 판단을 하는 시민의식이 필요할 것이다. 이것이 과학적 소양이다.

청소년 여러분은 지금 이순간도 과학적 소양을 키우는 중요한 과정에 있다. 내가 오늘 먹은 햄버거, 내가 쓰는 화장품, 내가 복용하는 감기약이 나에게 어떤 영향을 미칠 것인지 생각하고 결정하는 것은 사회적 합의라기보다는 당장 소비자로서의 나의 권리의 문제이고 결국 자신의 가치관에 따라 스스로 선택하는 삶을 살 수 있느냐, 아니냐의 문제이기 때문이다.

나도 과학 교사로서, 청소년들의 과학적 소양을 쌓는 중요한 일에 동참하고자 한다.

이 도서의 국립중앙도서관 출판시도서목록(CIP)은 e-CIP홈페이지(http://www.nl.go. kr/ecip)에서 이용하실 수 있습니다. (CIP 제어번호: 2016011330)

21세기 청소년 인문학 1
청소년이 좀 더 알아야 할 교양 이야기

2017년 4월 30일 초판 1쇄 펴냄
2018년 12월 15일 초판 5쇄 펴냄

글쓴이 | 김고연주, 김민식, 김시천, 김태권, 김호연, 박완선, 손정은
        윤태웅, 이권우, 이은희, 이채관, 정영목, 한문정, 허남웅
펴낸곳 | 도서출판 단비
펴낸이 | 김준연
편집 | 최유정
등록 | 2003년 3월 24일(제2012-000149호)
주소 | 경기도 고양시 일산서구 일중로 30, 505동 404호(일산동, 산들마을)
전화 | 02-322-0268
팩스 | 02-322-0271
전자우편 | rainwelcome@hanmail.net
ISBN 979-11-85099-88-0 03100